阳燕　中国国际广播电台主持人，一级播音员。现主持环球资讯广播重点栏目《环球名人坊》、《环球媒体浏览》。2003年毕业于中国传媒大学播音系，十年的广播从业经历，使其树立了清新、锐气的主持风格。此次"海归推动中国"系列是其高端访谈的代表作。十年磨一剑——用话筒传递态度与价值，她从未改变。

子楠 毕业于中国传媒大学英语播音主持专业。

现供职于中国国际广播电台环球资讯广播,任《环球名人坊》以及军事评论节目《环球军事报道》主持人。

上大学之前,最大的梦想是成为一名科学家。阴差阳错,走上了完全不同的道路。其实,作为一名主持人,有机会走进不同的人生,是件特别幸运的事儿。聆听他们的故事,就好像自己也经历了一样。

一直觉得,广播最大的魅力在于"不经意",如果你"不经意"打开收音机,听到了我的声音,能让你停下来,有所触动,就是我最大的幸福。

影响中国

20 位顶尖"海归"访谈录

《环球名人坊》 作品

阳 燕 杨子楠 主持

人民东方出版传媒

东方出版社

图书在版编目（CIP）数据

影响中国 /阳燕，杨子楠 编. —北京：东方出版社，2013.10
ISBN 978-7-5060-6916-8

Ⅰ.①影…　Ⅱ.①阳…②杨…　Ⅲ.①留学生–生平事迹–中国–现代　Ⅳ.①K820.7

中国版本图书馆 CIP 数据核字（2013）第 232346 号

影响中国
（YINGXIANG ZHONGGUO）

作　　者：阳　燕　杨子楠
责任编辑：邹绍荣　李　烨
出　　版：东方出版社
发　　行：人民东方出版传媒有限公司
地　　址：北京市东城区朝阳门内大街 166 号
邮政编码：100706
印　　刷：北京京都六环印刷厂
版　　次：2013 年 11 月第 1 版
印　　次：2013 年 11 月第 1 次印刷
印　　数：1—8 000 册
开　　本：710 毫米×1000 毫米　1/16
印　　张：17.75
字　　数：226 千字
书　　号：ISBN 978-7-5060-6916-8
定　　价：39.00 元
发行电话：(010) 65210056　65210060　65210062　65210063

傅志寰：中国列车的提速记忆/001

提速，一定要提速。那个时候我们改革开放已经起步了，公路率先走向市场，建设速度比较快。这个时候，铁路如果再不提速，还是像老牛拉破车一样，火车就没人坐了。我后来做了大量的调查研究，向铁道部党组提出建议，一定要提速。

马文普：我是农民的儿子/016

我在芬兰留学的时候，中国驻芬兰使馆有一位厨师讲的话让我终生难忘。他说，孩子们，你们是农民用血汗、用金子把你们堆起来的；你们要珍惜，要好好地学习，学好了本领来报效国家呀！

马颂德：中国高技术发展是我心中永远的牵挂，不尽的梦/027

给我印象非常深的一件事是，我在农村种水稻的时候，应该是在1969 年，我一个清华同学给我写信说，美国的阿波罗登月了，这给了我非常强烈的刺激。国际上已经发展到这么高的程度，而我们就是这个专业的人。

汤敏：换一种活法/039

对于我来说，一辈子净是纸上谈兵，谈经济也是纸上谈兵，从来没有创过业，没有做过企业。现在做企业太晚了，但是能做公益，能做NGO，跟做企业是非常相像的。我们也不是重复一般的公益，做了好多创新。

左小蕾：经济学家到底要做什么？/051

经济学家做什么呢？他追求一个什么目标呢？追求公平和效率。最后的结果是要一些人比过去更好，另外一些人不比过去更差，这是一个很理想的状态。对于一个真正的经济学家来说，他终身都要追求这个目标。"中国梦"实际上也是我们的梦想，让人们生活得到改善，这就是我们经济学家最终的追求。

施一公：我要做这个领域的世界第一/066

2003年有中年危机的时候，是我最后一次脱胎换骨的前夜。我觉得，我在结构生物学领域已经做到了世界的前沿。在学术界做到一定程度的时候，你会觉得不过如此，还能做什么呢？实际上这种想法现在看来比较肤浅。经历了三次脱胎换骨之后，我就会对自己讲：施一公你想想，你为什么不能做世界上最好的？

饶毅：顶级"海归"是如何炼成的/081

牛顿说他只是在沙滩上捡了几个贝壳，这不是谦虚。因为比较他和他后面的物理学发展，你就知道，他当然是很重要的科学家，但是后面还有很多知识，每一个科学家如果经常感到饥饿，经常想多知道一些，总会把科学往前推一些，只是推的多少程度不一样。

剧，看了无数部歌剧，一分钱不花。

刘月宁：雅韵依依，小专业开启大视野/229

扬琴这种乐器在世界各地20多个国家都有，匈牙利扬琴在扬琴的世界体系里是独树一帜的。我去留学的一个重要原因就是，我要传播中国扬琴。我以匈牙利为中心开了13场中国音乐的讲座音乐会，后来还去了捷克斯洛伐克，去了瑞士，我就扛着扬琴跟他们对话。

贺冰新：创造无数造星神话的流行音乐教母/241

人的一生很有限，我就觉得人一生，应该为一件事而来。我特别同意人大附中的校长的观点，她写了一本书，说人生应该为一件大事而来。现在很多学生朋友都说，像你这个年纪，遛遛狗，休闲休闲，你还那么辛苦干吗？我说我这人就是这命。为了自己的理想和喜欢做的事付出，我觉得是很快乐的事。

金珊珊：最好的舞者是心灵的舞者/253

在印度我了解到，舞蹈是为所有人而生的，不是说什么人才有资格跳舞。所有人都可以跳舞，而最好的舞者是心灵的舞者。你只要用心去跳，你就会是一个非常好的舞者，我也是这样教我的学生的。

（本目录按照节目播出时间排序）

序一

2013 年，欧美同学会迎来百年华诞。欧美同学会近百年的历史，是在留学报国的爱国主义旗帜下团结、奋斗的历史，是同国家民族命运休戚相关、不断探索前进的历史，也是在中国共产党的领导下获得大发展、踏上新征程、走向新辉煌的历史。近一个世纪以来，一代又一代留学人员负笈海外，孜孜以求，在带回国外近现代先进的科学技术文化和进步的思想理念的同时，自觉地聚集在留学报国的爱国主义旗帜下，团结在欧美同学会这一具有光荣传统的组织中，在中国革命、建设以及改革开放的各个历史时期，为国家的强盛、民族的振兴和人民的幸福真情奉献，努力奋斗。

这次中国国际广播电台环球资讯广播与欧美同学会合作推出了"海归推动中国"项目，紧扣"海归与中国梦"的时代主题，选取了 20 位"海归"精英作为中国留学归国人员的代表进行访谈，从他们的经历中可以看到一代代留学归国人员的海外求学梦、归国创业梦和民族复兴梦。他们在社会的各行各业发挥光热，他们是"海归"在贡献中实现自身价值的缩影。

党的十八大报告指出，要充分开发利用国内、国际人才资源，积极引进和用好海外人才。近年来，我国留学人员队伍日益壮大，随着人才强国战略、"千人计划"的实施，对留学人员的引进力度也在不断加大。当前，我国发展已进入关键时期。习近平总书记指出，我们比历史上任何时期都更接近中华民族伟大复兴的目标，比历史上任何时期都更有信心、有能力实现这个目标。实现全面建成小康社会、建成富强民主文明和谐的社会主义现代化国家的奋斗目标，实现中华民族伟大复兴的中国梦，要求留学归国人员再接再厉，一往无前，努力奋斗，为我国的经济社会发展积极贡献力量。

最后，祝贺本书的出版，希望通过本书使全社会更加关心留学人员，进一步改善人才成长环境，使广大留学人员更加有用武之地。

全国政协副主席

九三学社中央主席

中国科协主席

欧美同学会·中国留学人员联谊会会长

序二

　　2013 年，中国国际广播电台在环球资讯广播的《环球名人坊》栏目中推出了系列访谈节目"海归推动中国"，开创了在广播节目中全景式记录"海归"这一中国社会独特阶层的先河。节目播出以来，在北京、上海、广州、重庆、深圳等 20 多个主要城市引起广泛好评，被听众赞誉为"用耳朵聆听海归心声的精神盛宴"。

　　本书即"海归推动中国"系列访谈节目的精选，讲述了 20 位"海归"的成功经历，展现了几代留学归国人员实现梦想的历程和家国天下的情怀。著名的结构生物学家施一公、"中国民用飞机领航人"徐昌东、中国电力机车事业开创者之一傅志寰、"中国专业体检第一人"韩小红、万科集团执行副总裁毛大庆、"中国的帕瓦罗蒂"莫华伦、"中国提琴制作大师"郑荃、赴海外成功创业的先行者之一周立群等一批业界精英的故事被写进该书，生动地诠释了梦想和信念的力量。他们不仅实现了个人的事业追求和人生梦想，更为国家强盛、民族振兴和人民幸福而不懈奋斗着。

　　改革开放以来，有 100 多万中国人远涉重洋求学，其中一部分学成回国，带回了新理念、新思想、新文化、新技术、新商业模式，已成为国家建设和发展的重要推动力量，在各领域发挥了难以替代的作用。当前，中国现代化进程进入新的历史时期，伴随着国家综合实力的不断增强，中国留学人员数量呈几何级增长。他们中的很多人，在国外受到良好教育，极富开拓性和进取心，具有放眼全球的国际视野。在政治、经济、教育、科技、文化等诸多领域，"海归"已发展成为中国社会新兴阶层中的一支重要力量，从跨国公司到国有企业再到民营企业，从企业高管到广大创业者，"海归"们的足迹处处可寻。

《影响中国——20位顶尖"海归"访谈录》一书撷取"海归"回国立业的典型案例，通过真实的讲述和生动的细节，以全新的视角分析了"海归"群体对中国经济发展、科技进步、文化繁荣以及政治和社会文明的巨大推动作用，凸显了中国"海归"群体的新思维、新观念、新风尚，展现了他们对当今中国社会走向的深刻影响。全书以主持人和"海归"对话访谈的方式，在娓娓道来中，追寻"海归"发展的最新状况，披露"海归"多彩的心路历程，探索"海归"成功的诸多要素，分享"海归"成功的创业经验。本书对广大"海归"回国的创业与发展、对身处国际化工作环境中的白领和商界精英、对众多希望出国的大学生以及关注"海归"的社会群体，均有较大的启迪和参考价值。通读全书，20位"海归"创业者的形象跃然纸上，他们虽性格迥异、道路不同，但跌宕起伏的经历中都凝练出不屈不挠、奋发图强的精神，令人受益匪浅。

推动中国进步，助力民族复兴。"海归"的回国创业与发展是个人梦想的实现，也是中华民族共筑中国梦的重要组成部分。当今的中国正以前所未有的深度和广度与世界接轨，转型期的中国社会亟需具有全球化视野的精英，中华民族伟大复兴中国梦的实现呼唤锐意进取的英才。当代中国是有史以来"海归"精英们最能发挥作用的时期。这既是一个需要"海归"的时代，也是一个成就"海归"的时代。中国国际广播电台将通过音视网报刊等多媒体手段，和广大受众一道，将更多关注的目光投向当代"海归"群体。

是为序。

中国国际广播电台台长、总编辑 王庚年

傅志寰：中国列车的提速记忆

人物简介

傅志寰，铁路专家，中国工程院院士，俄罗斯交通科学院院士，欧美同学会副会长，1998~2003年任铁道部部长。

20世纪60~70年代，傅志寰在株洲电力机车研究所参加和主持设计了韶山1型~韶山4型电力机车和我国第一列电动车组。

20世纪80~90年代在铁道部工作期间，傅志寰组织开发了具有我国自主知识产权的电力机车、内燃机车、货车等20余种产品，形成国产品牌系列，适应了货运重载客车提速的需要。他还组织了青藏铁路的筹划和早期建设工作，为建成世界上海拔最高、距离最长的高原铁路做出了贡献。

从2003年3月开始，傅志寰转到全国人大财经委员会工作，任主任委员。5年间他组织审议和起草了30多部法律，开展了经济监督工作。

2009年，傅志寰被选为中国节能协会理事长，组织开展调查研究、宣传培训、咨询服务、节能技术开发及推广活动。

导读综述

他是铁路专家，被人称为"书生部长"。18 岁肩负重任赴苏联留学，学成归来后在株洲苦干 23 年，研制出中华牌韶山型电力机车；调任铁道部期间主持了四次列车大提速，实现了铁路扭亏增盈；开工建设青藏铁路，领导自主研发出时速高达 321 公里的"中华之星"动车组。所有这些的背后，是他无怨无悔的付出和对祖国炽热和深沉的爱。

我在铁路边长大，父亲开火车，自己就要造火车

旁白：傅志寰 1938 年出生在哈尔滨一个铁路家庭，父亲是火车司机，他是听着火车汽笛声长大的，对火车有着一种特殊的感情。

子　楠：之前您一直从事交通运输行业，2003 年任职人大财经委主任，离开了铁路。您现在看到火车，看到铁路，是不是还会有不太一样的感情？

傅志寰：我在铁路工作了 42 年，所以铁路情节是很深的，而且可以说是难以割舍的。很多人都知道，我出生在哈尔滨，父亲是火车司机，从小就在铁路边上，是听着汽笛声长大的。如果从小时候算起，跟铁路打交道已经有 60 多年了。

小时候就跟邻居小朋友跑到火车站玩，在空车厢里边跑来跑去。没什么事干了，就捡个钉子放在钢轨上，火车一过去就成一把小刀了。

子　楠：当时更多是把火车看做自己生活的一部分，伴随着自己成长的这样一种存在。那时候的火车是什么样的？

1957 年，莫斯科红场

傅志寰：那个时候的火车就是蒸汽机车。车厢里非常简陋，我们家就在铁路边上，一天到晚的声音就是扑哧扑哧，这个声音虽然是噪声，但听起来还是很舒服。

子　楠：不仅不觉得吵，反而晚上睡觉的时候还成了助眠的声音。

傅志寰：已经习惯了，如果听不到这个声音，反倒还睡不踏实。

"你们青年人好像八九点钟的太阳，希望寄托在你们身上"

旁白：1955 年高中毕业后，傅志寰被选送到北京俄语学院留苏预备部学习俄语。一年后，傅志寰去了苏联，在莫斯科铁道学院铁路电气化专业学习，从此他就和电力机车结下了不解之缘。

留学是年轻人的梦想，1957年对傅志寰来说是难忘的一年，毛泽东主席在莫斯科接见了中国留学生。毛主席说："世界是你们的，也是我们的，但归根结底是你们的。你们青年人朝气蓬勃，正在兴旺时期，好像八九点钟的太阳，希望寄托在你们身上。"

领袖的殷切期望激励了他的一生，傅志寰深知自己肩负的责任，努力克服语言方面的困难，起早贪黑地苦读。到了二年级，他的各门功课全优；三年级时，他的照片上了系里的光荣榜。

子　楠：看得出来您对铁路、对火车真的是有很深的感情，所以在高中毕业参加高考的时候才会报考唐山铁道学院蒸汽机车制造专业。

傅志寰：对，我父亲是开火车的，自己有个志向，总想要超过自己的父亲。他是开火车的，我应该是造火车的，所以高中毕业的时候就报考了唐山铁道学院，专业就是蒸汽机车制造。

子　楠：但是没有去成唐山。

傅志寰：是的，我是1955年高中毕业，那时选拔一批留苏预备生，我的成绩还是比较好的，报考以后，就被当时北京俄语学院留苏预备部录取了。

子　楠：就是现在的北京外国语大学。

傅志寰：是，在魏公村的北京俄语学院，学了一年时间。

子　楠：这一年的学习结束之后，坐着火车去学造火车。

傅志寰：那时候飞机很少，我们留学生是开专列去的，一个专列有1000多人。但是对我还是比较特殊的，因为我是学铁路的。在满洲里要换苏联的火车，当时苏联火车是由内燃机车和电力机车牵引的，国内在当时还没有。所以，火车头对我来说很新鲜，火车一停站，我就从后边跑到前边去，看看我未来要学习的电力机车。这一路上一共7天时间，对我来说很有意思，大家都感到很枯燥，唯独我当时是非常有兴

在直播间接受访谈

趣的。

　　子　楠：所以，其他留学生在火车上想的是怎么打发掉这几天的时光，但是对您来说学习就已经开始了。

　　傅志寰：因为我对火车有兴趣，不管是蒸汽机车还是对我来说非常新鲜的内燃机车、电力机车，我都非常有兴趣。

　　我的家庭是比较困难的，因为成绩也还不错，升大学可以拿到奖学金，但是从来没想到要去苏联学习。

　　子　楠：当时苏联是我们的榜样。

　　傅志寰："苏联的今天就是我们的明天"，这个是非常深入人心的，特别是年轻人都特别向往到苏联去看一看。

　　子　楠：到了苏联，遇到了哪些困难？

　　傅志寰：开始非常困难，虽然在北京学了一年俄语，但对于上大学来讲远远不够用，开始听课的时候基本听不懂，既然听不懂就没法做笔记。

子　楠：对，这样的感受应该是挺难过的，一方面是自己求知若渴的心情，另一方面只能看见老师的嘴唇在上下张合，但是又不知道他在说什么。尽管这样，一年过后您还是成了一个非常优秀的学生。

傅志寰：成绩还可以吧。我们中国同学非常非常用功，大家都知道我们到苏联学习很不容易，那个时候每个月的助学金是 500 卢布。500 卢布是个什么含义？相当于五六个工人的月工资，也就是说我们的生活费可以养 5~6 个家庭，所以我们都知道这笔钱对国家来讲是来之不易的，大家都有一种紧迫感，一定要好好学习。

子　楠：除了学习上的压力，还有这方面的心理压力。当时您到了苏联，除了学习之外，在社会生活上，最大的冲击是什么？

傅志寰：我们的中国同学，包括我在内，所有的时间几乎都用在学习上面。头一年语言没有过关，要补笔记、做作业，非常辛苦，不到晚上一两点钟我们是不能上床的。开始的时候考试成绩非常不好意思说出口，所以要拼命地学。到了二年级稍微好一点，真正语言过关了是三年级，大学一共 5 年。

那时候苏联同学的业余活动还是比较丰富的，但是我们中国人没有这个精力，他们对我们也不太理解，给我们起外号，叫"面包干"。听着很难听，但是我们觉得，就算是面包干了，成绩要好一点，知识多掌握一点，回去以后能发挥更大的作用。

田心虽然是个小地方，却是中国电力机车的摇篮，我最留恋的土地

旁白：1961 年，傅志寰毕业回国。为了报答国家的培养，他在志愿书中写道：坚决服从祖国分配，愿意到最艰苦的地方去。这样，他就被分到了位于湖南省的铁道部株洲电力机车研究所。傅志寰工作的研究所并不在株洲市区，而在位于市区5公里外一个叫田心的小镇上。这个所成立不过两年，老技术人员只有几名，其余为几个新来的大学毕业生，办公室也是借的。20世纪60年代初，国家处于困难时期，肚子吃不饱。然而这些困难没有影响满怀抱负的傅志寰的工作热情。

子　楠：毕业回国，您在分配志愿书上写下这样的话：要到祖国最需要的地方，到最艰苦的地方去。这句话可能在现在的人听来更像是一句口号，当时您写下这样的话是什么样的心情？

傅志寰：不光是我一个人，我们绝大多数都是这么写的，这是发自内心的，不是什么口号。如果没有国家的培养，我们不可能留学。我这个人不光是属于父母、属于家庭的，我认为是属于国家的。在这个时候和组织是不能讲价钱的。

我们这一届，铁路电气化专业是5个人，分到北京的有3个，一个分到鞍山，我是分到株洲。株洲当时的条件是比较艰苦的，铁道部株洲电力机车研究所是1959年成立的。我是1961年毕业，这个所基本上刚刚组建，办公室是借别人的。有一部电话，是用接线员接通，声音要非常非常响对方才能听到。办公室里一个人打电话，其他人在旁边都跟着听。当时电力专业刚刚起步。

子　楠：不光是生活条件差，科研条件也很差。

傅志寰：我这个人是爱火车的，非常热爱我的专业。株洲电力机车研究所是我们国家比较早的制造电力机车的地方，全国就这一家。那个时候条件比较艰苦，粮食基本没有，有时候就煮点萝卜。

子　楠：生活条件很艰苦，科研条件更艰苦，但我们看到您就是在株洲的这23年间取得了非常大的科研成果。

傅志寰：是的，我回去的时候中苏关系比较紧张，苏联专家撤走

提速试验现场

了。我们就靠一些年轻人，当时有上海交大的一批毕业生，他们也没有接触过电力机车，就在书本上学了一点。我比他们稍微强一点，看过电力机车是怎么造的，当然也是皮毛。大家在一起干了很多年，最后，我们的电力机车过了关，投入了批量生产。

子　楠：也就是说，田心那样一个小地方，却成了中国电力机车的摇篮。

傅志寰：当时就是大家要"愤"发图强，"愤"是愤怒的"愤"，不是奋斗的"奋"，因为苏联专家把图纸拿走了，他们也不回来了，怎么办？那时候搞了很多很多实验，不管白天还是晚上，也没有礼拜天。就是一门心思，一定要把这个技术掌握住，一定要让机车过了关，一定要实现批量生产，所以那个时候劲头非常足。

旁白：傅志寰在株洲工作23年，最能表达这段时期感受的是他在多年后与老同事聚会时的讲话。他说："我们是从困难中走过来的，然而我们却非常自豪，我们虽然付出了很多，但是无怨无悔，感到骄傲的是为我国铁路电气化事业做出了贡献，我们想想看，天上飞的是外国造的空客、波音飞机，地上跑的是奥迪、桑塔纳等国外品牌的汽车，但是在我们的铁道线上奔驰的是中华牌，用我们的心血创造出来的新型机车，我们的付出得到了很大的回报，这个回报不是对个人的，而是对祖国的回报……田心虽然是个小地方，却是中国电力机车的摇篮，也是我奉献青春年华的地方，这里有我同甘共苦的朋友，是我最留恋的土地。"

人家的列车像风一样呼啸而过，中国的铁路也一样可以达到这个速度

旁白：1981年，傅志寰去联邦德国进修，一年里亲身体验到了时速200公里火车的竞争威力。德国发达的工业、优美的环境以及德国人对工作的认真态度，给他留下了极深的印象。德国铁路为增强竞争能力不断提高列车速度，这也拓展了他的思路。

傅志寰说，当时印象最深的是人家的列车像风一样呼啸而过，而我们的火车一路都是咣当咣当的声音。德国之行让他眼界大开，同时也让傅志寰产生了一个梦想：中国的铁路也一样可以达到这个速度。

子　楠：在苏联学习到了很多当时我们看来很先进的技术，后来1981～1982年期间您又去德国进修了，这一次进修的感受跟当时去苏联又不太一样了吧？

傅志寰：原本觉得自己还不错，那么到了德国以后，哦，世界原来是这个样子，对我触动很大。

子　楠：当时我们主要的差距在哪儿？

傅志寰：我们与世隔绝十几年，不知道外面的世界是什么样，自己闭门造车。德国的高速公路那时候很发达，我有一次坐火车从波恩到法兰克福，旁边就是高速公路，我的火车和高速公路汽车在竞赛，看谁跑得快。当然都跑得很快了。那个时候感到非常震撼，哦，这 10 年世界上发生很大的变化，我们落后了。

子　楠：从德国回来之后再次开始了一种拼搏的状态。

傅志寰：是的，那个时候株洲电力机车研究所已经壮大了，有七八百人了。

子　楠：可以看得出来，说起在株洲这 20 多年的工作，您还是感到非常自豪的。

傅志寰：我感到很辛苦，我们加了很多班，做了很大的牺牲，但是回报应该说是加倍的。不光是对个人成长的回报，更主要的是为祖国贡献了新型的、大功率的、成熟的电力机车。

子　楠：我们的铁路事业这几十年来的发展，其实是每一个人都可以看到的。铁路在我们中国老百姓的生活中确实发挥着太大的作用。

1984 年的时候您调到了铁道部工作，在整个就职期间总共主持了四次大提速，您觉得速度对于我们的铁路来说意味着什么？

傅志寰：这个想法还是在德国学习的时候形成的，对我冲击最大的就是速度。回来以后我是电力机车研究所的副所长，如果提速，我作为一个研究所的副所长，顶多提提建议。但是我到了铁道部以后，在科技局当总工，后来当局长，这个时候我的平台就很大了。

所以我做了一些调研，提速，一定要提速。那个时候我们改革开放已经起步了，公路率先走向市场，建设速度比较快。这个时候，铁路如果再不提速，还是像老牛拉破车一样，火车就没人坐了。我后来做了大量的调查研究，向铁道部党组提出建议，一定要提速。

旁　白：客车大面积提速是傅志寰倾注心血的重点工作，20世纪90年代初，我国铁路客车平均旅行时速只有48公里，最高时速徘徊在80～100公里。

铁路提速是个系统工程，傅志寰参与领导了全路第一次大提速，此后又领导了三次大提速。除了提速，他还不懈地推动高速铁路建设。2002年，秦皇岛至沈阳的客运专线铺轨成为我国高速铁路实验线，在这条铁路上创造了当时中国铁路第一速。

子　楠：在这条铁路上创造出321.5公里这样的当时中国铁路第一速。这样一个速度之前您有没有想过？

傅志寰：我在铁道部工作期间，搞了四次大提速。提速其实是没有办法的办法，在既有的线路上，运输非常忙，没有时间叫你改造。解决中国的铁路问题，不建新线是不可能的，但是当时没有钱，怎么办？只能是改造。新建一条高速铁路恐怕要一个亿到两个亿，但是提速改造花的钱比较少，100万～200万就解决了。

子　楠：花小钱办大事。

傅志寰：当时只能有这个条件。我在任期间就是搞条实验线，秦皇岛到沈阳。从1992年，我们就开始对北京到上海这条铁路进行前期工作。后来要建沈阳到秦皇岛的铁路，当时定的速度大概250公里。同时我们研制了"中华之星"，几个动车组实验速度达到了321公里，应该说当时这个速度是很高的。

子　楠：除了"速度"这个关键词，更快之外还有更高。在2000～2003年，您也组织了青藏铁路的筹划和早期的建设工作。青藏铁路现在是世界上海拔最高、距离最长的一条铁路，在建设过程中是特别艰苦的。在建青藏铁路的时候遇到的最大难题在哪里？

傅志寰：这条铁路的建设很早就规划了，青藏铁路实际上从青海西宁到西藏的拉萨，前一段，就是西宁到格尔木很早以前就建成了。格尔木海拔也就是 2800 米，如果往上走的话到 4000 米甚至 5000 米。这个时候的最大问题就是高原缺氧。还有一个就是多年冻土，后来又有新的环境保护问题。

当时我们修西宁到格尔木这一段，没有经验，很多铁道兵的战士缺乏基本的知识，牺牲了不少人。另外最大的难题就是冻土，因为我在哈尔滨铁路局当过局长，在大兴安岭有一段铁路就是在冻土上面修的。冻土夏天就融化了，有很多水冒出来，铁路就下沉，冬天它又胀起来，鼓了一个包。这条铁路如果不加整治，是弯弯曲曲的。那么最好的解决办法是什么？那就是使冻土不要融化。最后我们攻克了这个难题。

从 20 世纪 60 年代开始，我们有一批科研人员围绕冻土问题开展攻关。我们在海拔 4000 多米处有一个观测站，叫风火山观测站。他们一住就是 30 年，通过辛勤的劳动攻克了这个难关。

子　楠：修铁路不仅是我们看到地面上铺一根铁轨这么简单，这背后有无数的铁路人，从工程师到普通工人，都为此付出了非常艰苦的努力，这才给了我们这么大的便捷。

傅志寰：青藏铁路付出了很多人的心血。我认识一个人，他是青藏铁路的总设计师李金成。他身体不太好，有时候突然腿脚就不听使唤了。但是他事业心非常强，青藏铁路要越过唐古拉山，整条铁路海拔最高的一点，在选线的时候有几种方案可以比较。为了选一条更便捷的线路，他和同事们来到无人区。当地的气候是多变的，虽然是四五月份，却下着鹅毛大雪，稍微晚一点就什么都看不见了。结果那天他突然病发，走不动了。那个地方高原缺氧，每个人都没有力气，他就要求同事们离开，把他留下。当然其他人是不干的，结果一天一夜的时间，有时候他就自己慢慢地爬，最后到了公路边上。天亮的时候，一辆汽车路过，把他送到医院。当时情况非常危险，如果再晚几个小时，他可能就有生命危险。结果是怎么样的？他把选线的方案变了，给国家节省了几个亿。像这样生动的事例还是很多的。

我立下了一张军令状，三年扭亏，不然就下台

旁白：1998 年傅志寰被任命为铁道部部长，那时铁路一方面运能紧张，另一方面运输经营多年亏损，管理体制僵化，市场竞争力不强，迫切需要确立新的发展思路。面对这样的困境，傅志寰立下了一张军令状——完成国务院的任务，三年扭亏，不然就下台。

子　楠：因为您是工程师出身，做技术肯定没有问题。任职铁道部部长之后还要做很多决策上的工作，对您来说这其中最大的挑战是什么？

傅志寰：我当过 7 年副部长，管科技，管技术。我的任务就是管好我这一摊，比如说我要提速，我可以提建议，至于有没有钱就不是我的事了。但是当部长以后，就完全不一样了。

子　楠：之前更像是工程师的角色。

傅志寰：用这句话来形容吧，不当家不知柴米贵，要综合平衡。有很多好的主意，有的可以实现，有的就不能实现，部长就要搞好综合协调。一把手和副手完全是两回事，当时我压力非常大。

我是 1998 年任部长的，刚上任，我就碰到两个问题。一个是亚洲金融危机。原来我们是铁老大，人家求我们买票、运货。到了 1998 年，我要求别人，没货了。

第二就是 1998 年，正好一场大水。长江流域，后来是东北松花江、嫩江发大水，我们很多线路都冲没了，钢轨被拧成麻花，我以前都没有

见过。

当时我有一个任务就是要扭亏，总理给我下的任务：三年扭亏。我就千方百计想办法，但是第一年碰到亚洲金融危机，还发大水，我的扭亏任务没完成。第二年，我们采取了很多措施，实行改革，实行资产经营责任制。形势好转，所以我们扭亏的任务完成得还可以，三年扭亏用两年完成了。

子　楠：三年扭亏用两年完成了，您觉得让铁路扭亏这是您在任部长期间遇到的最大难题吗？

傅志寰：是难题之一。当时很多人认为不可能，党组下决心了，一定要按照国务院领导的要求。中央电视台记者来采访我：如果你实现不了诺言你怎么办？我说我带领党组成员集体辞职，如果铁路局完不成我给它亮红牌，不行就走人，包括我自己在内，我扭亏不了，我走人。

子　楠：您当时说这话的时候心里是有底气的吗？

傅志寰：这是个决心，只能如此了，因为对未来的形势我也不是看得那么清楚，但决心是必须下的，要豁出去了。

子　楠：豁出去了，立下一张军令状。

傅志寰：就是要立军令状，通过媒体豁出去了，大家都知道，傅志寰立了军令状，不行就下台。

我要当好一名志愿者

旁白：从 2003 年 3 月，傅志寰转到全国人大财经委员会工作，任主任委员。5 年任期内，他组织审议和起草了多部法律，开展了经济监督工作。

子　楠：这5年的任期似乎对于媒体的关注度来说并没有之前在铁道部任期那么受关注。但其实这5年您还是做了不少的事情。

傅志寰：实际上我是不称职的。为什么这么说？我是一个电力工程师，作为一个工程师我是合格的，但是我的知识面比较窄，对计划、对财政相当生疏，既然把我放在这个岗位上，开始就是拼命地学习。在我们委员会里有很多专家，有人当过财政部部长，有人当过国家计委副主任，有人当过外贸部部长。我是一把手，在业务上我不如人家。但是做一把手，你起码对形势、对下一步决策要发表自己的意见，有自己的判断能力，开始我很不适应，所以要拼命地学习。

子　楠：在不同的时间、不同的阶段、不同的角色中，您的理想都在发生着转变。小时候的梦想是，父亲开火车，我造火车；后来任职铁道部的时候，您说是给了自己一个托梦的平台；到了人大财经委，您希望自己能够当一个称职的主任委员。那么现在您的梦想是什么？

傅志寰：我现在想法很简单，当一个老志愿者，当好老志愿者。我在欧美同学会中帮助做些工作，另外就是我在中国节能协会当理事长，把我们任重道远的节能工作能搞得更好一点，发挥余热，给国家做更多贡献吧。

马文普：我是农民的儿子

人物简介

马文普，中共中央对外联络部原副部长，第十届、第十一届全国人大外事委员会副主任委员，中共十五大、十六大代表。

马文普 1969 年 7 月从芬兰坦佩雷大学毕业后，进入中国驻芬兰使馆工作；1970 年 12 月，到中联部工作；1978 年 3 月，任中国驻瑞典使馆二等秘书；1994～1995 年，任中共长沙市委副书记；1995 年 5 月，任中联部副秘书长；1997 年 7 月，任中联部副部长；2003 年 3 月，任第十届全国人大外事委员会副主任委员；2008 年 3 月，任第十一届全国人大外事委员会副主任委员；现任欧美同学会、中国留学人员联谊会党组成员、副会长，中国留学人才发展基金会理事长，中国人民争取和平与裁军协会常务副会长。

导读综述

在风起云涌的年代，马文普经历了戏剧性的变化。从一个农民的儿子到 19 岁的年轻党员，再到未满 20 岁的时候就被派往芬兰，作为国家

急需的外交储备人才接受培训开始，他走出了一条想象不到的人生
轨迹。

马文普近照

戏剧性的人生改变

旁白：马文普出生在河北省景县的一个农村，父母都是普普通通的
农民。1945 年冬天，寒冷把他迎接到人世。没有人知道他的一生将会
怎样度过，就像在那样的年代中，没有人知道社会将会发生怎样的变革
一样。

阳　燕：您人生的第一个重大转折点是，小时候随父母从河北的老

家辗转到了北京。当时的情形，您现在还记得吗？

马文普：是的。我从小生在农村，在农村长大，因此，与农村和农民有着天然的联系和深厚的感情。旧社会，我们祖辈家里是十分贫寒的，是佃农，完全是靠租种大户人家的田地来勉强糊口。1938年6月，花园口决堤，听祖父讲，家里仅有的几间草房被这场人为的洪水冲得荡然无存。全家陷入了绝境。后来为了活命，我父亲就背井离乡外出打工，最后辗转来到北京。

反映河北人民抗战的有几部小说，比如《平原游击队》、《野火春风斗古城》，还有一部小说叫做《平原枪声》，这个《平原枪声》就是讲我们家乡那一带的。抗日战争时期，我们家乡是敌后，外祖母一家同全村的乡亲一道，也为八路军筹过粮、做过饭。记得家乡解放的时候，我跟随祖父、祖母和我母亲，在农村的老家经历了土地改革，分了田地。我那时候年龄虽小，但是也和其他人一样分得了三亩地。因此，从我记事起，就从内心非常感谢共产党和毛主席，感谢他们是我们的大救星。后来，上个世纪（20世纪）的50年代，我就跟随母亲来到了北京，和父亲团聚了，在北京落了户。

我的人生轨迹改变是戏剧性的。小的时候，我的叔伯大爷没儿没女，因此我被过继给叔伯大爷做儿子。后来，我弟弟在农村得了肺炎，本来得肺炎在城市里现在根本不算什么事，打上几针青霉素就好了。但那个时候可不是，缺医少药，家里穷根本看不起病。得了肺炎几天以后，我的这个弟弟就离开了人世，我母亲承受不了了。在这种情况下，我的叔伯大爷很过意不去，结果又把我退了回来。因此，我才到了城市，走到了今天。否则的话，我不就是一个老农民吗？因此，我从来就认为，我不过就是一个普通平常的农民的孩子，没有任何的特殊背景，也从来没有把自己当成什么官，我就是普通老百姓。

阳　燕：我觉得，马部长在讲述这段故事的时候，充满了一种深深的感恩之情和眷念之情。

马文普：是的。由于我个人的经历，我从内心里就非常感谢共产党，也敬佩共产党人，同时，我年轻的时候也积极要求入党。因为品学兼优，我19岁的时候就在中学入了党，说起来到现在，我也是有将近50年党龄的老党员了。

阳　燕：您好像从很小的时候，就有一种时刻准备着的状态。随着家人辗转来到北京的时候，您就准备好了要刻苦学习。而真正投入到学习当中的时候，您又准备好了入党。入党之后，您又准备好了为党奉献一切。

马文普：应当说那个时候，我们主要的理念就是听党的话、听党的安排，党要求我们做什么，我们就做什么；党指到哪里，我们就奋斗到哪里。所谓私人的要求愿望都抛到一边，把自己的身心最大限度地贡献给党的事业、贡献给人民的事业，就是这样的一种思想。

坐着火车去芬兰

阳　燕：您不到20岁的时候就出国了。那个时候，一是出国的人少，二是出国也非常难，但是您还真是抓住机会了。我听说当时是因为在1965年的时候，国家正在为恢复咱们在联合国的合法席位，而加紧做培养外交人才的准备，所以才会选一批品学兼优的人去做公派留学生，也是储备外交人才。而那个时候，您又正好入选了这样一个团队。

马文普：是的。在上个世纪（20世纪）60年代的上半期，毛主席、周总理根据当时的国际形势，以及我们国家不断上升的威望和不断扩大的影响，估计不久就可以比较快地恢复中国在联合国的合法席位。可是，当时我们国家才和28个国家建交，而且这28个国家当中，绝大

在俄罗斯克里姆林宫

多数还是社会主义国家，以社会主义阵营为主。那么我们一旦进入联合国，可以设想，在很短的时间内，将会有一大批甚至几十个国家同我们来建交。而我们的外交人才呢？外交骨干非常缺乏。

就是在这样的情况下，中央做出了决定，要加紧培养国家急需的外交外事人才。所以，在全国进行选拔，我有幸被选上了。作为公派留学生，我被派到了虽然不算很好但也不算很差的一个国家——芬兰。也可能阳燕要问，为什么把你派到芬兰呢？可能因为芬兰是地球上最严寒的国度之一，而我又比较抗冻。

阳　燕：嗯，四年的留学生活之后，您留在中国驻芬兰使馆工作了一段时间，可以说芬兰是您海外第一站。我觉得您跟芬兰似乎结下了不解之缘。

马文普：是啊，但当时完全是国家分配的。国家根据需要，根据每个人的条件，比如说你是北方人，可以派到严寒的地区，比较适应。

阳　燕：抗冻。

马文普：抗冻，而且芬兰语是比较难学的一种语言。

阳　燕：第一抗冻，第二能吃苦。当年，您从河北来到北京，多少还是在中国转，而且转得还不远，但是这一下子就从中国跨越到了芬兰。那时候坐飞机要多长时间？

马文普：我们第一次去的时候不是坐飞机。我们坐的是火车，而且坐的是苏联的列车。从北京走到东北，经过满洲里进入苏联的境内，沿着贝加尔湖走到莫斯科，最后到达芬兰，一共走了七天七夜。尽管时间比较漫长，但我们确实感受到了另外一番情景。

阳　燕：在火车上七天七夜，是需要一点耐力的。

马文普：吃的，用的，包括洗澡、擦身都很不方便。那个时候是20世纪60年代，不像现在有这么好的条件。我两次去芬兰，都是坐国际列车。第一次是坐苏联的列车，第二次是坐我们自己的列车。自己的列车从北京到内蒙古自治区，再过境到蒙古，经过乌兰巴托，然后再往西走，六天六夜，减少了一天。

阳　燕：第二次去的时候，飞机航线已经开通了吧？

马文普：那时候为了节省国家的钱，坐飞机毕竟还是贵一些。再有呢，我从小上学就受到俄罗斯文学、苏联卫国战争文学的影响，也愿意在苏联的大地上多看一看。

外交四感触

旁白：40多年的涉外工作，走过了120多个国家和地区，但无论走到哪里，他都清楚地知道，自己是一个从河北农村走出来的孩子。那片土地在给予他生命的同时，也为他的生命奠定了一层底色，一种永远不会改变的质朴本色。

阳　燕：您那一代外交人确实特别能吃苦。我觉得在那个年代，有很多我们意想不到的困难，但是在您那里好像都不算困难。

马文普：那个时候，因为大家不是把自己个人利益、个人的一些考虑放在前头，在这样的情况下，觉得这些困难也不算什么。老一辈的革命家艰苦奋斗、流血牺牲，我们出国留学算什么？我在芬兰留学的时候，驻芬兰使馆有一位厨师讲的话让我终生难忘。他说，孩子们，你们是农民用血汗、用金子把你们堆起来的，你们要珍惜呀，要好好地学习呀，学好了本领来报效国家呀！这让我非常感动。

阳　燕：您在国外的学习生活有很长一段时间，能不能给我们讲讲其中一些难忘的故事？

马文普：我的外事工作加起来快50年了，到过一百二三十个国家。从在芬兰学习开始，我就对我所接触的外国人民有一些深深的感触。第一，人民是友好的。比如学习期间，我们分头住在几个芬兰老百姓家里面。芬兰朋友的热情、善良、友好给我们留下了极为深刻的印象。他们把我们当做自己的孩子一样关怀，体贴入微，非常令人感动。

回国不久，我被分配到中共中央对外联络部，开始了40多年的涉外工作。我在部里头分管的相关工作涉及大半个地球。比如说非洲，我负责同非洲联系将近9年，到过40多个非洲国家，对非洲有深厚的感情。我也经历了一些事情，很多到现在都历历在目，甚至终生难忘。

第一件事就是，我曾经率领一个小代表团，在尼日尔访问了两天半，时间很紧。但是两天半的时间里，总统、议长、党主席、外长等所有的高官政要，没有一个没见到的；尼日尔的总理还五次出面亲自接待，太重视了。

阳　燕：当时是不是特别感动？

马文普：是的。我怎么看待这个事情呢？这绝对不能看成是我个人的一种荣耀。这是非洲人民对中国党、中国政府、中国人民的崇高的敬重。

再举一个例子。有一次，我访问纳米比亚，还没到纳米比亚，就开始上吐下泻，高烧40度。我从来没有烧到40度。一下了飞机，纳米比亚的总统波汉巴马上会见。我就强忍着高烧，同波汉巴总统会见了，会见了以后，马上就躺在宾馆。一开始，被怀疑是非洲疟疾，后来经过确诊是急性食物中毒。两天的访问时间里，我全部是在房间里打吊针的，其他代表团团员照常工作。这个时候，纳米比亚的开国总统，非常德高望重的、几十次到中国访问过的努乔马，三次到房间来看我。两天时间三次来看我，嘘寒问暖，真是像慈祥的老父亲那样，那么关心体贴呀，我简直热泪盈眶。一想到这个事情，我的心情就太激动了。

还有一个例子是20世纪90年代了。我率领6个人的代表团到澳大利亚访问。团不大6个人，可是澳大利亚的朋友争先恐后地接待我们。我们这6个人竟然被一分为六，被安排到6个澳大利亚朋友家里头，其中有两家相距100多公里。他们表达对中国朋友的真情、友情、热情的这种方式，真是用心良苦。

第二，接触交流是增进了解的桥梁。1965年到芬兰的时候，据我了解全芬兰就一个华侨，而且她在芬兰生活了太长时间，中国话都说不清楚了。因此，芬兰老百姓看到中国人，看到我们，他们的印象似乎还停留在清朝中国人的形象，看男的是不是留长辫子，女人是不是裹小脚呀。有的芬兰人盯着我们两个女同学的脚，想看看脚是不是裹起来了。这就说明缺乏接触、交流，因而就缺乏了解。接触多了，交流多了，自然增进了了解，发展了友谊。

阳　燕：是。

马文普：第三个感触是，我们同国外的许多国家，特别是同发达国家相比，是有很大的差距的。如果看到这个差距，了解这个差距，就会更加明白自己的历史使命和时代责任。我们出国留学，就是要怀着留学报国的思想，为将来不断地缩小中国和国外的差距，奋发图强。留学报国，要把这种差距看成是为国家、为民族做贡献的一个动力。

第四，他山之石，可以攻玉。中国人、中国同胞都是勤劳的、勇敢的、智慧的，而且有自强不息的传统。世界上人类创造的一切文明成果，是人类共同创造的精神财富和物质财富，不能排斥。我们有好的社会主义制度，只要我们肯取别人之长，补自己之短，只要我们善于汲取世界文明成果，外为中用，丰富自己，就一定会步入快车道，实现振兴中华民族的中国梦。

政党外交不失为一个化解矛盾的便利沟通渠道

阳　燕：您在中联部工作了这么长时间，对于这些年来中国在世界舞台上的角色转换，是非常有发言权的。

马文普：我们常说内政、外交、国防，也就是说外交同内政、国防，或者说同我们中国总体的实力影响，是相辅相成的。弱国无外交，国家强大了，我们外交也强大了。而外交工作做好了，又反过来促进我们国家实力的增强、威望的提高、影响的扩大。这都是我们中国在国际社会中，赢得重视和尊重的一个重要前提。那么中国威望的扩大、影响的提升，也跟我们整体外交工作，包括我们中联部在内的政党外交工作，是分不开的。

谈起中联部所从事的政党外交，可能有不少朋友不是太了解。国家的总体外交是一个大的交响乐，由方方面面的音符乐章组成，其中包括

在会场发言

政府外交、议会外交、政党外交、民间外交、经济外交甚至军事外交等。政党外交，它的特色和政府外交不一样。政府外交有外交礼节、外交形式等需要，而政党外交可以不拘泥于礼仪、形式，更加直接地、坦率地交流情况、交换意见、进行沟通，可以通过党对党的工作，来密切中外之间平等互信的政治关系，维护和保持国家关系的延续性和稳定性。甚至在政府、国家之间出现矛盾、问题和危机的时候，政党外交，包括议会外交，也不失为一个化解矛盾的便利沟通渠道。

阳　燕：我觉得，您对涉外工作的一些难点和创新点，有讲不完的经验。在跟大国的外交中，您有什么特别的心得吗？

马文普：我举那么几个例子。比如说，中国全国人大，同俄罗斯的两院杜马和联邦委员会，都建立了议会交流制度。俄罗斯的杜马主席和俄罗斯联邦委员会主席，都亲自担任俄方对中国议会交流的委员会主席，而咱们呢，也是由全国人大常委会委员长，亲自担任中方主席。两国议会的交流机制规格之高，是其他任何国家无法比拟的。这说明什么？这说明俄罗斯对发展中俄全面战略伙伴关系的高度重视。

再举一个例子。中国同美国的关系，总体来讲是稳步发展的，虽也有磕磕碰碰。但是我们也体会到，美国人民对中国人民是友好的，美国的官方包括美国国会，总体来讲也还是重视中国的。比如说有一次我和我的同事访问美国，在华盛顿待了两天，竟然会见了十多位美国参众两院议员和议员助手。大家知道，一般来讲，一个代表团到了美国见一两个议员，都是非常难的。而我们两天之内见了这么多，那是很不简单的事情。这说明什么问题？只能说明美国至少是这些议员和议员助手，对同中国的议会交流、搞好同中国的关系，是非常重视的。

还可以举个例子。我们经常参加国际会议，有政府方面的、议会方面的、政党方面的。在这些会上，我们的代表发表的意见，受到了绝大多数的外国代表的重视和欢迎，而且会上会下，这些外国代表都愿意同我们进行交流接触，甚至不少代表还看我们中国的态度，愿意和中国保持一致，愿意同中国代表的态度和立场共进退。这是很难能可贵的。当然我们还是要谦虚谨慎，要看到自己的不足，还要继续取人之长，补己之短，更多地丰富自己，使我们的和平发展更加顺畅。

阳　燕： 感谢马部长，为我们讲述您精彩非凡的人生故事；也感谢您，言语之间带给我们的温暖和力量。

马颂德:中国高技术发展是我心中永远的牵挂,不尽的梦

人物简介

马颂德，信息自动化专家，前科技部副部长，中共党员，第八届、第九届全国政协委员，欧美同学会副会长，留法分会会长。1968年毕业于清华大学自动控制系飞行器控制专业；1983年获法国巴黎第六大学博士学位；1986年在巴黎第六大学计算机视觉专业学习，获法国国家博士学位。历任中国科学院自动化所国家模式识别重点实验室主任，中国科学院自动化研究所副所长、所长。2000年4月~2006年10月，任科学技术部副部长，党组成员，负责国家863高技术研究开发计划、国家火炬计划、国家级高新技术产业开发区、科技型中小企业创新基金等。2006年10月后，任中科院自动化所研究员，继续从事计算机视觉研究。

导读综述

他是恢复高考后的第一届研究生。出国后，他进入法国从事信息和自动化技术研究最好的研究院——法国国立信息与自动化研究院工作，

一直从事"计算机与机器人视觉"的高技术研究。40 岁那年，他成为 863 专家委员会委员中最年轻的委员，从那时起，他的回国经历就与中国 863 计划结下了不解之缘。

计算机视觉的基本任务之一，是从摄像机获取的图像信息出发，计算三维空间中物体的几何信息，并由此重建和识别物体。这听起来很抽象，不过用信息自动化专家马颂德的话说，就是给机器安上眼睛和耳朵，虽然还不能让机器人像电影中那样无所不能，但至少能让它们耳聪目明。作为一项在多个领域具有实用价值的学科，马颂德说，中国在这方面的水平并不比发达国家差。而中国的信息自动化研究从无到有，到水平逐渐提高，这其中凝聚了马颂德多年的心血。

人工智能，我们还需要进一步努力

旁白：20 世纪 60 年代，马颂德毕业于清华大学自动控制系飞行器控制专业。由于特殊的历史原因，怀揣满腔热情的他并没有能够进入科研机构工作，而是被派到山西农村劳动锻炼了近两年，后来又在北京燕山石化总厂的第二化工厂当了七年工人。

子　楠：马部长，您最近还是挺忙的，在忙些什么？

马颂德：我现在还是中国科学院自动化所国家模式识别重点实验室的研究员，所谓模式识别包括了很多方面，总的来说就是让机器能够看、能够听。

子　楠：给机器眼睛。

马颂德：机器的眼睛或者耳朵，来识别声音，来识别图像。我们这个实验室是国家重点实验室，也可以说是从我回国以后创办的这样一个实验室。我现在还在这个实验室做研究员。

子　楠：是您这么多年的一个心血。

马颂德：对。我们也可以用另外一个名词，有人叫人工智能，使机器具有智能。智能里面有很重要的方面，包括视觉、听觉等。改革开放刚开始的时候，也就是我刚出国的时候，中国在这方面的研究几乎是没有的。现在实际上也不仅仅是我推动，还有很多其他的人，最近十几二十年来做了很多这方面的研究。假如从研究角度来说，我认为基本上跟国外先进的研究是差不多的，所以也得到了许多应用。当然在这个领域还需要做很多研究，国际上也是这样，它并不是一个成熟的技术。另一方面来说，中国在这方面怎么把这些研究更多地应用到实际当中去，我们还需要进一步努力。

阿波罗登月了，我们还在种水稻，这给了我们非常强烈的刺激

旁白：马颂德1968年毕业于清华大学自动控制系飞行器控制专业。不过，他毕业之时正是众所周知的那个动荡时期，在进入真正的研究之前，他经历了从农村到工厂的历练。

子　楠：作为一个清华大学的毕业生，您毕业之后没有马上从事相关领域的研究工作。

马颂德：我们先到农村，然后又到工厂。给我印象非常非常深的一件事是，我在农村种水稻的时候，应该是在1969年，我一个朋友没有到农村，他在工厂，也是清华的一个同学，给我写信说美国的阿波罗登月了。这给了我非常非常强烈的刺激。国际上已经发展到这么高的程度，而我们就是这个专业的人。

子　楠：我们还在种水稻。

马颂德：是的，我们还在种水稻，这给了我们非常强烈的刺激。但是我们还是相信国家不可能长期这样下去。1970年以后，我就在北京燕山石化当了八年工人，一直到1978年恢复高考，我考上了中国科学院的研究生。当时有一些研究生在国内，从这里面选派了一些人直接出国，所以我到了法国巴黎大学做博士研究生。

旁白：从1968年走出清华大门到1978年又走进校园，其间马颂德一直没有放弃学习。他说只要是自己相信正确的道路，就要坚持走下去。

1978年恢复高考，马颂德以第一名的成绩考上中科院自动化所的研究生，随即赴法国巴黎第六大学读研究生，从此开始了计算机与机器人视觉的高技术研究。

法国的大学易进难出，淘汰率很高，作为国家公派的留学生，马颂德当时压力很大。他在去法国之前对法语一点不懂，先是上了一期速成培训班，而后就是靠自己的努力来自学。

除了学习上的困难，当时法国社会物质的极大丰富、人民的生活水平都给了马颂德很大的震撼，这也让他意识到当时的中国与其他国家的差距，也更加激励他努力学习，为国家进步贡献力量。

在法国的头一年很困难，但是通过刻苦的努力，马颂德终于闯过去了，第一年的考试全部过关。考试后的第二天，马颂德就累得胃出血住了两个月的医院。当时留学生们吃苦努力的精神是很有名的，因为他们知道祖国需要他们。

1983年5月，马颂德通过了论文答辩，获得法国巴黎第六大学的博士学位。获得博士学位之后，他又作为访问学者在美国马里兰大学计算机视觉实验室工作了九个月。之后马颂德又回到法国，继续攻读法国国家博士学位。

子　楠：那么我们就来讲讲您在法兰西的日子吧。当时刚到法国，您说您自己之前没有学过法语，那么当时的环境肯定跟我们现在留学生的环境完全不一样了。刚到法国的感受是怎么样的？

马颂德：派我去法国读研究生以前，我们在国内，在上海外语学院上了三个月的集训班。

子　楠：突击了一下。

马颂德："急"训班。三个月以后，我们在那里生活没问题，坐车、买个东西都没问题。到了法国以后，受到的最大冲击我倒并不觉得是学习上的，当然学习刚开始还是有点困难，因为听不懂。

子　楠：当时都是法语授课。

马颂德：对，在法国你不可能用其他的语言，完全是用法语。从考试一直到听课全部是法语，当时这是有一点困难的。但是当时我们出国的时候，最大的冲击实际上还是来自社会、文化差异的冲击，我们从来没有见过物质这么丰富的一个国家。也就是说，我们从来没有体验到我们中国已经落后到这个程度。我印象非常深的是到了超市，一个巨大的超市，里面你要买什么都可以，现在我们国家也是这样。可当时在中国什么东西都要票的情况下，这个冲击是非常大的。我们天天讲革命是吧，结果弄到最后我们落后了这么多，这个是给我们冲击最大的。这在一定程度上也激励我们要更好地学习。

子　楠：一个是社会环境给您的冲击比较大，那么另外在学习上呢？刚才在一开头的时候您提到过现在我们的人工智能，包括信息自动化的发展水平跟发达国家差不多，那么当时的差距有多大？

马颂德：当时的差距当然非常大。我是到那以后学的我所说的图像处理，或者再进一步说，计算机视觉或者机器人视觉，这个中国没有开始。

　　子　楠：完全是零。

1984 年 10 月在巴黎六大

　　马颂德：对。关键的问题是计算机也是零，所谓图像处理是计算机图像处理，计算机基本也是零。要使用计算机来做研究，但是我们去的时候还从来没有用过计算机。不过我认为还是要感谢清华大学，1963～1966 年上了三年课，中国的基础教育还是很扎实的，虽然最先进的东西没有学到，但是数学、物理、自动控制理论还是相当扎实。所以对学习来说，我认为就第一年比较困难，假如考试不通过的话，你就不能再往下做了，淘汰率是很高的。后来并不觉得很难，到了1983年我们就取得了博士学位。

子　楠：取得博士学位用了几年的时间？

马颂德：实际上就用了三年的时间。

我们见证了历史性的翻天覆地的变化

旁白：获得博士学位之后，马颂德进入了法国从事信息和自动化技术研究最好的研究院——法国国立信息与自动化研究院工作，一直从事计算机与机器人视觉的高技术研究。1986年马颂德获得法国国家博士学位，回国进入中科院自动化所开始参与筹建模式识别国家重点实验室，从购买计算机到学术研究，实验室不断发展，至今培养出许多杰出人才。

子　楠：1986年在出国之前，您作为高考恢复后的第一届研究生，一直在从事相关领域的研究，刚才您也说到了您在法国的顶级实验室里面做研究。当时选择回国的契机是什么？

马颂德：我觉得跟中国发展有关系，我考的本身就是科学院自动化所研究生，而自动化所当时就是要建立一个在这个领域的实验室，我想国家已经批准要建立一个我们叫做国家模式识别实验室来从事图像、语音等方面的研究。因为这方面将来会有很大的应用前景，当时正在筹备之中，所以我得到这个情况之后就很快联系回来。

子　楠：当时创办实验室，最大的问题是什么？

马颂德：刚开始最大的困难实际上是留不住人，招不到高水平的人，原因就是这里的生活条件比别处差很远，当然也有一些人的因素，不能说完全没有。另外一方面，比如说 1987 年我回国以后一直到 2000 年，十几年间，我的硕士生、博士生毕业以后百分之百去了美国，而且是最好的学校，哈佛、MIT、CMU 等，我当然觉得也很好，因为美国所有好的大学研究所都向我们开放，从这个角度我觉得是很好，但是从另一方面讲我们留不住人才。到了 2000 年以后就变化了，当然刚开始有其他因素，比如说 2001 年 "9·11" 事件以后我的学生申请去美国就非常困难了。

子 楠：签证难。

马颂德：因为我们这个专业是相当敏感的专业，到目前为止，作为自动化所的一些高端人才，我们的研究生去美国几乎是没有了。实际上每年我们出国的人越来越多，但是像我们的高端研究生出国的反而减到了 10%～20%。原因是什么？他们在国内很容易找工作，而且条件也不错，这几十年变化是非常非常大的。

子 楠：您等于是这个变化的见证者。

马颂德：对。我们见证了历史性的翻天覆地的变化。

我并不后悔当时怎么跑去当官，我觉得很有收获，也做了一些事情

旁白：从法国归来不久，马颂德就被科学院推荐，成为正在组建的 863 计划自动化领域专家委员会委员候选人。1987 年 2 月，在北京举行的中国高技术研究与开发计划，也就是 863 计划第一届专家委员会会议期间，863 计划 7 个领域的专家委员会委员 70 多人一起受到国务院领导同志的接见。

当时的国务院主要领导问，你们中间有没有 40 岁以下的同志？人群中只有马颂德一人把手举了起来，作为 863 计划专家委员会委员中最年轻的委员，那年他正好 40 岁，从那时起，马颂德的回国经历就与中国 863 计划结下了不解之缘。

1983 年博士答辩

子　楠：在您个人的职业生涯中，有一个特别重要的事情，这件事情也耗费了您很大的心血，就是有历史意义的 863 计划。刚才您说到了，在 2000 年之前一直是在中科院工作，2000 年 4 月的时候您被任命为科技部副部长，主管 863 计划，同时还主管高新技术产业化和国际科技的合作。我之前看过对您的一个访谈，您说到对于到科技部当官，从科学家转身为一个官员，您曾经苦恼过，当时苦恼什么？

马颂德：因为我从来没想过去当官，从小到大，没有想过去当官。我在学校的时候也不是干部，我以前想的是我怎么读好书，怎么能做好研究，我没有想过要做官，当然非常苦恼，我觉得我的长处不在这。但是到现在，我并不后悔当时跑去当官，并且我还觉得很有收获，也做了一些事情。

子　楠：能不能给我们回顾一下在您负责863计划的时候，当时的情形是什么样的？

马颂德：我2000年到了科技部，这个时候正好是第一期863计划的最后一年，大概总结了863计划十几年以来取得的成绩。这十几年我们总共投入120个亿，应该说是相当少的，但这对我们这个国家来说也不是一个很小的数字。我们发现，这样一个计划锻炼了一大批人。无论是信息、自动化还是生物等，绝大多数是从零开始。所以大家感觉到，这样一个计划对中国将来的发展一定会起很大的作用。第二个变化是，我们逐渐明确了高技术不仅是研究，小平同志实际上早就说了，发展高科技，实现产业化，所以我们科技部工作期间也分管高新技术开发区火炬计划。实际上我们越来越关注这些高技术怎么变成产业。

中国高技术产业的腾飞已经是指日可待了

子　楠：那如果回过头来看863计划的历史意义，您会怎么来评价它呢？

马颂德：首先，1986年小平同志在市委、学部委员的建议下提出中国要搞自己的高技术研究开发计划，是高瞻远瞩的。中国的发展，我们一直在说结构性调整、提高产业的增加值，科技水平更能看出这个问题。举一个最简单的例子，我们说到机器人，1987年的时候，863计划里面就有专门机器人的项目，当时我们主要是研究一些特殊环境的机器人。当时中国的劳动力很便宜，对不对？这不合算。但是最近这几年发生很大的变化，中国工业机器人的使用直线上升，因为我们的劳动力贵了，工业机器人可以做些简单的重复性劳动，比如搬运。这个机器人七八万块钱。相比于工人工资，机器人就便宜了。

2001 年 1 月 18 日被授予法兰西国家功勋第四级勋章

　　子　楠：之前在很多科幻小说或者科幻的影片中可以看到机器人，它们是人工智能的，可以自我进化，可以拥有像人一样的判断能力，可以适应这种复杂的环境，这个是可以实现的吗？

　　马颂德：1978 年去国外的时候我没有再去学机器控制，而选择了人工智能的一个领域，这跟我在 20 世纪 70 年代没事干的时候看科幻小说看到这些东西有关系。我觉得这个太神奇了，怎么能使我们的机器具有这样的智能？应该说我们做到了很多，人所具有的智能，比如说小孩都解不了一个很复杂的方程，机器做起来却很容易。

　　子　楠：机器有机器的优势。

　　马颂德：但是在灵活性方面，甚至在感情复制等其他方面，人还具有非常神秘的含义，这方面机器远远做不到。将来的可能性是什么？这个就涉及哲学，涉及许多复杂的含义。

子　楠：机器人真正拥有智能的时代会不会来临呀？这是我们另外的一个话题。

其实回国这些年，您为高技术开发的产业化包括国际合作做出了很大的贡献。您曾经说过，中国高技术的发展将成为心中永远的牵挂，不尽的梦。您怎么看待我们的高技术发展前景？

马颂德：高技术发展前景就是我们要制出更加好的产品，更加富有研创性的产品。这个不仅仅是赚钱的问题，我觉得这涉及人类发展更重大的问题，就是可持续发展。因为中国高技术虽然在国际上占了一定的比例，但是有许多东西我们还是靠出卖资源廉价劳动力的低附加值产品。在这个方面如果不发展的话，这个国家是没有前途的，尤其中国人这么多，资源并不丰富，全世界也是同样的道理。所以，在这个角度上已经看得更加深远一点。

旁白：马颂德与中国高技术开发与产业化结下了不解之缘，中国高技术发展成为他心中永远的牵挂，不尽的梦。他说中国高技术产业的腾飞，已经是指日可待了。

汤敏：换一种活法

人物简介

汤敏，国务院参事，友成企业家扶贫基金会常务副理事长。1982 年毕业于武汉大学数学系，留校后在武汉大学经济管理系任教。1984 年赴美国伊利诺伊大学经济系学习。1989 年获博士学位后，被亚洲开发银行经济发展研究中心聘为经济学家。2000 年调到亚洲开发银行驻中国代表处，任首席经济学家。2007 年任国务院发展研究中心中国发展研究基金会副秘书长。中国经济五十人论坛成员，欧美同学会商会理事。2010 年 12 月加入友成企业家扶贫基金会，任常务副理事长。2011 年成为国务院参事。

导读综述

他是经济学家，也是为中国教育改革呐喊的人，还是公益事业的创新者。作为资深"海归"，他很清楚自己要说什么，要做什么。

第一次出国，震撼

旁白：言语亲切，心态平和，汤敏给人儒雅而严谨的第一印象。我们的交谈在很轻松的氛围中开始了。

阳　燕：您最喜欢别人怎样称呼您？汤先生？汤老师？还是汤总？

汤　敏：我最喜欢还是称呼我汤敏，当然叫我汤老师也行。最早的一个职业是老师，所以习惯人家叫老师，可能也有点好为人师。

阳　燕：其实老师是大家非常尊敬的一个称谓。在过去，大家管老师叫先生，但是现在走着走着，好像觉得先生，就老师的那层意思是不是少了点？

汤　敏：也有这个可能性吧，因为现在的先生是泛指，那么老师毕竟还是一个特指的，所以听老师更舒服一点。

阳　燕：其实您截至目前的履历很丰富，在海外待的时间也比较长，学习加工作将近20年，一般人会觉得这很难。

汤　敏：我是1984年出国，然后2000年回到国内，大概十六七年左右，但是回国以后还在国际组织工作，又工作了7年，所以从某种意义上来说，在海外机构工作有20多年。

阳　燕：20多年，会不会有的时候很想家，然后也会觉得是时候换个环境了？

汤　敏：很矛盾的心情。一方面，在国外学习、工作，本身是一个非常好的学习、锻炼、提高的机会，这个机会非常难得。另一方面，确实很想把自己学到的、看到的，把自己的一些经验用上，特别能用到国内，能用到自己的祖国。那么也很想回来，所以经过很多纠结，一个很

汤敏和夫人左小蕾合影

好的机会，2000 年的时候回到了北京。

阳　燕：这是一个曲折的过程。我们先说说您第一次出去吧。20 世纪80 年代，1984 年的时候。

汤　敏：对。

阳　燕：那个时候出国，去海外留学应该是一件不那么普通的事情。

汤　敏：是，挺不容易的。但是那个时候应该来说也已经不那么稀罕了，如果是 80 年代初，1980～1981 年的时候可能更稀罕一些，到 1984 年特别是 77、78 级的第一批大学生毕业以后，出国的就慢慢多起来。但即使这样，在 1984 年出国也挺不容易的。一方面就是我们对国外非常不了解，比如说申请书都不知道怎么写，找学校也不知道怎么找。

另一方面，国外的学校对中国的学生也不够了解，所以怎么评估也不容易，当然不管怎么样，我们也算混出去了，也不是那么难。

阳　燕：您太谦虚了，您去了非常有名的美国伊利诺伊大学香槟分校，在那待了多长时间？

汤　敏：在那待了5年，我是从硕士然后到博士，得到博士学位以后就离开了香槟分校，那5年确实非常难忘，特别是第一次出国，这种感觉是一种震撼，一种特别大的变化。

阳　燕：说几个最有冲击力的点。您见过的人或者您看到的事。

汤　敏：说起来很好笑。出国给我最深的印象就是——我们当时从北京飞洛杉矶，到了洛杉矶转机，转机时，洛杉矶机场的厕所就给我一震撼，因为那时候中国国内的厕所是一种非常传统的形式，但是到洛杉矶机场一看，厕所那么干净，而且整个是那种富丽堂皇的样子。其实前一段时间我还专门回到了洛杉矶，专门又去厕所看了一下，觉得也不怎么样，不知道为什么那个时候有这种感觉。当飞机起飞的时候，看到一片灯火，整个像一片海一样的灯火，排得整整齐齐，而且连续好几个小时都灯火不断的感觉，确实非常震撼，看到了它的现代化。当然，开始学习以后，又有了变化。

阳　燕：这种校园文化的冲击。

汤　敏：校园文化的冲击，而且一旦开始学习以后，就是沉迷在非常艰苦的学习过程中。因为对我来说，一方面，我们英文那时候都非常差，一开始课都听不懂；另一方面，我还有一个特殊情况，我原来在大学里学的是数学，去那直接上美国的经济研究生，我没有优势。

阳　燕：跨度也很大。

汤　敏：那些美国同学、国外同学，他们都是在中学里边学经济学，大学学两遍经济学。当时我们在国内学了一点政治经济学，跟国外的西方经济学完全不一样，等于从零开始。第一学期就得考试，就得跟别人一样，压力非常大。上学以后，什么都顾不上了，只是埋头于书

留学时期的汤敏

本、图书馆，然后就是寝室、教室，这样三点一线。

阳　燕：是不是那个时候也会有苦中作乐的感觉？

汤　敏：对，因为一方面是学习紧张，功课压力非常大，而且中国的学生都注意分数，都想考个稍微好点的成绩；另一方面就是它的图书馆资料特别多，像香槟分校的图书馆是全美第五大图书馆，所以有很多非常好的藏书，包括很多中国古代的书，在国内根本看不着，而在那些地方全部开架，你可以进去随便看，所以有点时间就赶紧去增加自己的知识。另外，作为留学生来说，生活也是比较拘谨的，那个年代是一点钱都带不出去的，基本就靠奖学金，靠助学金。所以生活也不敢有任何的奢侈，我们买了辆车，到现在说起来有人都不信，我们那辆车一共是500美金买的，开了7年，最后那车还卖了75美金。

从中国到美国再到菲律宾

旁白：从中国到美国，从美国到菲律宾，再从菲律宾回到中国，汤敏求学工作的路线勾勒出一代"海归"经济学家的路线图，但又有所不同，这种不同来自他在发展中国家难得的人生经历。获得美国伊利诺伊大学经济系博士学位后的汤敏，面临人生的重要选择。美国芝加哥第一国民银行和亚洲开发银行同时邀其就职，经过慎重考虑，他选择了后者，原因是在读书时，汤敏就对发展中国家的成长问题情有独钟。

阳　燕：其实比起您的求学经历，您的职业生涯似乎更加充满戏剧性。

汤　敏：我是从伊利诺伊拿到博士学位后，就直接到了亚洲开发银行工作。亚洲开发银行是一个国际组织，就像世界银行一样，但它的工作范围主要在亚洲，总部在菲律宾，是在一个发展中国家。所以我的经历跟我们绝大部分的留学生不一样，除了有在欧美学习的经历之外，我还有十多年的在发展中国家生活的经历。这个经历对我的影响非常大。因为我们的留学生往往是拿欧美、日本等发达国家情况跟国内相比，所以就觉得国内这也不行，那也不行。而我住在菲律宾，但是我的工作主要都在亚洲的其他发展中国家，印度、巴基斯坦、孟加拉、泰国等地到处跑，所以看到很多跟国内发展相似的问题。

这里头有好多的问题，需要慢慢探索、解决，急不得。给我印象最深的，还是我到了菲律宾，到了亚行总部的第三个月，就碰到一件终生难忘的事情：当时菲律宾突然发生了军变，军事政变。军事政变的叛军就在离我很近的一个街区，激烈的战场就在那。

阳　燕：您从没有离战场那么近。

汤　敏：那应该是菲律宾历史上最血腥的一次政变。而我恰恰就住在这个两面战场交接的地方，很危险。但是也有很多体会，你都不敢躺到床上，因为怕榴弹什么打着，当你躺在地上，躺在墙角上，都不安全。当时在想，发生这种动乱，什么都谈不上了，谈发展，谈赚钱，谈正常的生活，都没有了。所以对于发展中国家来说，保持安定是所有的基础。实际上，我们亚洲开发银行，一个很重要的工作就是扶贫。我也跑过很多贫困地区，看到很多贫困的现象，那种现象确实是触目惊心。我也到过国内的很多贫困地区，但是一比较，确实不可同日而语。不同的经历，很多想法完全不一样。

旁白：回国之后，汤敏发现自己要做的事还很多，有观念上的更新，有细节方面的逐个推动。经济领域，教育领域，社会公益——一个都不能少。

为大学扩招呐喊，为创新呐喊

阳　燕：回国以后，是不是觉得海外近 20 年的这种经历，收获很大？

汤　敏：对，从个人来说，它能把自己的知识真正运用到工作中去。举个例子，还没回来的时候，当时我觉得很骄傲，而且到目前为止还觉得很兴奋，就是在1998年提出了大学扩招，到目前为止还有人称我为"扩招之父"。实际上当时我还在菲律宾，看到亚洲金融危机对中国的冲击很大，而当时内需很难调动起来。我跟爱人左小蕾一起写了一个建议书，就是提出关于在三年内大学扩招一倍的这种方式。因为在当时，老百姓最大的需求是让孩子能够上大学。当时中国，适龄青年的大学入学率非常低，大概4%，甚至比印度低，印度当时是8%，菲律宾是31%，但中国只有4%，千军万马过独木桥！所以我提出这个建议，很快被政府接受，很快就开始了扩招。当然，提出扩招的也不仅是我们，是大家一起把扩招推动起来的。当然也存在问题，现在我们看到，大学生找工作难，我们一些贫困家庭上学负担重，还有我们的教学质量等问题。这些我们认为都是在发展过程中存在的，需要快速改革。这不是扩招引起的，是我们的教育改革跟不上造成的，实际上并不是我们这些青年不应该去上大学，不是说我们的社会没有给大学生这么多机会，而是我们的教育改革不够。我们现在连农民工都短缺，就是大学生过剩，只能说大学生学习的知识，我们培养的这些能力，还不太适应社会的需求，所以这个是要改革来解决，而不是把学校缩小，让更少的人上大学。

阳　燕：如果作为一个命题，大家来判断，我们当然是会选择让更多的人接受教育。但这仅是一个开始，还需要不断创新。在谈到这一代大学生的未来时，您忧虑过——他们少了一点琢磨新东西的劲儿。

汤　敏：我觉得这有几方面的原因。当时我们那一代年轻人，相对来说闯劲比较大，创新精神比较强。

阳　燕：豁出去了。

汤　敏：它是一种特殊环境造成的，而且都有一种非常强烈的感觉，因为那时候上学非常难。像我们都是高中毕业以后又插队，又工作，有了很多社会经历，这时候再去上大学，跟现在的学生从校门到校门的经历不一样。所以，这就涉及我们未来怎样培养年轻人。我现在友成基金会工作，我们在做很多试验，其中一个试验是采取西方的"Gap Year"，间隔年，就是让大学生在上学或毕业后有一年的时间到艰苦地方、到基层去锻炼，这个在国外很普遍的。

那么未来，我们中国的教育慢慢也要把这个经历教育放进去。我前段时间到以色列访问，以色列被称为"创新"的国度，它的创新、它的创造应该是全世界第一的，高中毕业以后，所有学生要去当三年兵，不管男女。要知道，在以色列当兵，不是说当和平兵，可能真打仗！完了以后还有一个习惯，要拿出一年时间全世界游历。

阳　燕：这个项目太棒了！

汤　敏：是吧。完了以后再回来，再申请，再进大学。你想，这样的学生进大学，他的学习目的、学习能力、创新能力就完全不一样了。像这样的方式，能够培养出一批批的精英人士。

阳　燕：创新太重要了，您经常会用很多国外的例子把大家点透。

汤　敏：是，我常常讲可汗学院的故事，他不但自己做大了，甚至挑起了一个教育革命。创始人非常聪明，得了麻省理工学院的学位，还得了哈佛大学学位，但是他的本职工作是炒股票，他用业余时间给他的侄子侄女补课，补中学的课，因为他非常聪明，所以他发明了一套很新的教学方式，他侄子侄女离他上千公里，所以他通过网络的方式来教。这个教学方法就挂在网络上，很多人看到以后给他写信，说从来不知道数学这么好学，这么有趣！受到鼓励以后，他白天炒股票，晚上就去做各种各样的、好玩的新教学方式，做着做着，需求越来越大，他干脆把工作辞了，开设了以自己名字命名的可汗学院。他现在已经得到了很多投资，比尔盖茨也给他投资。更重要的是，这开拓了一个新的教育革命的篇章，因为他这套教学方法把很多计算机的游戏内容引进到教学里头，叫教育游戏化。

阳　燕：寓教于乐。

汤　敏：他把很多的细节运用到教学之中，比如说游戏时间不能长，所以他把每一节课变成只有 10 到 15 分钟，不是什么 45 分钟，孩子集中不了这么长时间。第二，他采取了随堂考试，满 10 分过关。你上完 10 分钟的课，马上考试，不把所有题目都答对，下节课不让你上，这就跟游戏一样，游戏就叫……

阳　燕：冲关。

汤　敏：你不把妖魔鬼怪全打死的话，根本不让你升级，他就采取这种方法。然后，你都打死了，给你一个小奖励，那个奖励也是空的，给你一个胸章，但是得了也很高兴！

汤敏在友成基金会

换一种活法

阳　燕：您现在常常提起一句话——换一种活法，就是人有的时候需要把自己的状态进行一种变化，或者说随着自己阅历的丰富，兴趣点和关注点在发生转移。

汤　敏：对，我一直作为经济学家，原来在亚洲开发银行，后来在国务院发展研究中心的中国发展研究基金会工作，也是做经济方面的工作。但是两年前，我把所有工作都辞掉后，开始了我新的人生，也就是开始做公益慈善事业，我称之为换一种活法！换一种活法有几个意义。第一个意义就是说，实际上在国外，很多的这种所谓的精英人士，到了一定的年纪以后，都会离开原来的主业，去做一些能对社会有所回馈的事情；第二，这种跨界，实际上我也不是把我过去的东西全部抛弃，过去的积累照样可以用，但是我要在一个新的领域里开始新的开拓；第三，做公益慈善实际上跟做企业非常相像。那么对于我来说，一辈子净是纸上谈兵，谈经济也是纸上谈兵，从来没有创过业，没有做过企业，现在做企业太晚了，但是能做公益，能做 NGO，跟做企业是非常相像的。所以，我们也不是重复一般的公益，做了好多创新，比如刚才我提到的这个间隔年，把毕业大学生送到农村去工作一年，还有我们在大学的远程教育模式等。像我还做了一个把退休的老师，城市的退休老师，送到农村去支教。我们现在的城市里有好几百万的退休老师，60 岁退休，正是身强力壮的时候。

阳　燕：身体还很棒。

汤　敏：但是没办法，也要给年轻人让出这个位置来，所以他们只能是跳跳舞，做做家教，其实这些人还有很大的精力，很愿意为社会做点贡献，但是没人去把他组织起来，那么我们就做这个事儿。现在全国1000多个老师加入了我们这个义教组织，这都是一种创新的公益，一种能够解决我们很多社会问题的公益，这种活法也让我感觉很兴奋！

阳　燕：是，其实汤老师从头到尾都在说自己的由内而外的兴奋劲儿，那作为您旁边的这位倾听者，在整个过程当中，我也非常享受，好像影像一样，一直在我的面前不停地闪动。我相信，在未来的某一天，汤老师会继续带着这股兴奋劲儿，带着他很多不一样的活法，不一样的人生创意，再来我们这里展现一幅更加生动的画面。

左小蕾：经济学家到底要做什么？

人物简介

左小蕾，著名经济学家，1982年毕业于武汉大学数学系，1983年赴法国留学，1986年赴美国伊利诺伊大学学习，先后获得美国伊利诺伊大学国际金融硕士、博士学位，同时获得经济计量学博士学位，现为银河证券首席经济学家。

导读综述

在这个以缜密的逻辑思维见长的经济领域，左小蕾以"巾帼不让须眉"的气概，占据了市场判断与分析的足够高度，她的观点曾不断在市场上激起各种涟漪，引起震动。现在的左小蕾是一个刻意和市场保持适度距离的经济学家，和其他局内人不同，她坚持从宏观经济的角度去解读经济。

男人的天下，我不怕

旁白：作为女经济学家，在正式采访之前，我对左小蕾更多了一份好奇与敬畏。在这个话语权很抢手的经济领域能具备一种不可替代性，能发出令人信服的声音，是件很不容易的事情。与常规印象中理性、严肃、冷静的经济学家不同，左小蕾更多了一份女性特有的柔韧与亲切。

阳　燕：我们说巾帼不让须眉，作为一个被业界所肯定的女经济学家，很多人说您其实很不容易，尤其是在这样一个靠实力、靠业绩说话的领域。

左小蕾：经济学这个领域确实是男人的天下，我想原因主要是女人的形象思维比较强一点，经济领域跟其他的理科领域非常像，它需要逻辑思维能力比较强。所以，女性在那里头占一席之地相对来说就不具备优势，这可能跟我以前的理科出身有关系，所以我逻辑思维比较严谨。

阳　燕：的确，我们在看您履历的时候，您所学的专业是数学、统计学、经济计量学等，一直在和这些一般人看来比较难学的学科打交道。

左小蕾：我觉得这跟我从小兴趣很广泛有关系。那时候要讲全面发展，所以你光数学好是不行的，你语文也要好，我们那时候还学拼音字母，拼音字母也要好，还有自然也要好，地理也要好。我记得我上小学的时候，有一次期末考试，因为我想打乒乓球，我父母就说，你要是都考100分，就让你打，你要是考不了100分，就不让你打。

阳　燕：99分都不行吗？

左小蕾：不行，我考了5个100分，所以其实是一种全面发展的约

和主持人阳燕在直播间

束或者一个广泛的兴趣。

阳　燕：但是不管说是天分还是说后天努力，您在武大的数学系读了本科，在那个年代其实很不容易。在武汉大学的那段光阴现在回想起来还很清晰吧。

左小蕾：当然，这个怎么可能忘记，我们实际上也是改革开放的受益者。而且那个竞争之激烈，我在考场上，我的学生跟我同台竞技，同一个教室里头。我们真的是发自内心地对改革开放抱有欢天喜地的感觉。我当时在中学当老师嘛，我记得我的通知是我妈妈专门去拿的。我在一个农场劳动，然后突然有一天，我其实心里也在着急了，应该开始要送通知书了，我在盼着学校能不能给我这个，结果我母亲突然有一天就去了，她一去那里，我就预感到了。当时我的反应非常强烈，一跳跳出了那个沟，挖地的那个沟，我一下跳出来，我说妈妈是不是我的通知书来了？她说是啊，我来接你回去的！我说那你跟我们学校的领导说了没有？她说说了，是他告诉我你在这个地方的，然后我真的是兴奋。当时有点忘乎所以，什么都不顾了，就扬长而去，有这么个感觉，真是……

阳　燕：那个画面我都可以想象得到。

左小蕾：是，非常兴奋，所以对这一段学习的时光、校园的生活，我是非常珍惜的。当然也有很多美好的故事，因为我在那里遇到了我的先生，我当时的同学，让我的校园生活有了人生更大的一个收获。

从中国到法国再到美国

阳　燕：其实武大是中国最美的校园之一了。在武大数学系学习，更像是一个圆梦的过程。

左小蕾：是，我们当时进武汉大学的时候，之前有一个中国数学家的突破性贡献，就是陈景润有一个"1+1"的突破，在数论这样一个分支里头，当时把它叫做哥德巴赫猜想或者叫做皇冠上的明珠。武汉大学报考理科的学生中有50%报的是武大数学系，当然数学系不能收那么多人，所以后来化学系、物理系、空间物理系包括生物系，分流了很多。我们是最终被留在了数学系的人，是挺不容易的。

阳　燕：所以其实对您来说这个机会特别难得，听说您在那儿还学了法语。

左小蕾：这就是武大一个很特别的经历了。武大的数学系跟法国教育部签订了一个合作，派法国老师开设这么一个班，完全用法语教学，然后这些学生毕业以后有一部分人就会赴法深造。那时候就派我去，最大的原因呢，就是让我学法语，因为我们那个年代还比较保守。当时有一个不成文的规定，夫妇俩不能到一个国家去，所以我觉得我们学校的领导还是比较关心我们，让我去学法语，这样我们就可以分赴不同的国家留学。差不多大部分时间都是在中法班，我学了半年多，法语从一个字都不会，到后来半年多的时间我赴法了，所以也是比较有胆量的。

阳　燕：您这状态特别好，就属于那种快乐地学了数学，快乐地学了法语，又顺其自然地去了法国。

左小蕾：我觉得在那里真的是接触了很多的朋友。因为我第一个学校那个班的学生，来自二十几个国家，包括欧洲的，非洲的，然后包括我们亚洲的，二十几个国家，让我一下有了涉及全世界的感觉，各种各样的人。

阳　燕：打交道一定很有意思吧，用什么方式打招呼？

左小蕾：法语嘛，他们都说得很好。我们从中国去的两个学生，有一位原来是学法语的，他当然没有问题，我是只有半年的法语基础，所以我在那非常努力，第一件事情就是开始想办法怎么跟他们讲话，然后让我能够进行基本的沟通，所以有的时候很有意思，他们觉得我不太像一个东方人，我很主动，他们认为东方人特别是中国人都很含蓄、很矜持。某种意义上说，我真的是给了这些人一个全新的中国人的印象，后来他们真的是很尊重我。

阳　燕：所以在法国不光是求学，也有很多生活的趣事，我觉得您不说一两句法语都觉得有点可惜。

左小蕾：法语，说实在的，这个法语我当年花了很大工夫，后来我去了美国以后，遇到一个法国人，然后我跟他说了法语，他说那是他在美国听到的最好的法语，那也就是说我过去……

阳　燕：没白学。

左小蕾：嗯，花了很大的力气，但是最后可能是因为我的语言能力没有那么强，同时说那么多的语言不行，到了美国以后，我发现特别是一些专业词汇，法语和英语拼写是一样的，但我就是读不出那个英文的

留学时期的左小蕾

音来，我老说一些法语的发音，结果谁也听不懂，我自己也着急，因为我要学习嘛。最后我没有办法，只好忘掉。后来很好笑，遇到一些法国人，特别是回国以后遇到法国人的时候，他们都知道我有这段经历，用法语跟我讲话，我回答他一句：我不能讲很好的法语了，我把那些最重要的东西都忘掉了。我就能把这几句话很地道地说出来，很好笑。

阳　燕：这个回答很直接，正好您这一转换，要把这个法语刻意地忘掉，为的是更好地学英语。于是第二站到了美国，去了非常有名的伊利诺伊大学香槟分校，这里的经历就更有故事性了。

左小蕾：其实我去呢，就是因为我先生在那里。

阳　燕：团聚了。

左小蕾：对对对，因为我们当时是属于公派，当年我们不能够同到一个国家，所以我专门去了中国驻法国大使馆，去见了我们的教育参赞，我说我的先生现在在美国，我想去，问他能不能去，因为已经过了两年了。教育参赞当时就回答，学习嘛，到哪都是一样，没有问题。当然我也请示了我们学校，然后我就去了美国，开始了我最系统的一段西方经济学的学习经历。

阳　燕：听完您这个求学过程，也蛮有戏剧性的，但是我觉得其中有一点特别相似，就是您格外珍惜每一次机会。

左小蕾：我们确实是比较有如饥如渴的学习冲动，觉得机会很难得嘛。因为我们也没有系统地学过经济学，跟我的同学比较起来，真的是非常弱势。为了打好这个基础，在伊利诺伊第一年的时候，我基本上连超市都没去过，当然我有一个有利条件，我的先生在那里，先生周末的时候去买东西，人家都会问左小蕾呢，左小蕾在计算机房里头。我有一年的时间没有去任何商店，没有去超市，就是希望能够赶紧赶上来。完了以后呢，我知道我们没有那些经济学基本的功底，所以我去听了大学部所有的301，我们那时候叫301、302这样的课程，我全部把它听完。所以第一年差不多是早上7点钟到校园，晚上12点钟回来，就是两点一线的生活。我觉得挺充实，而且我觉得在那里的学习，含金量真的很高。

和家人一起滑雪

磨不去的棱角，成就她的与众不同

旁白：国外的学习、工作和生活，对左小蕾是一种难得的历练，她也格外珍惜自己的每一次积累，这些宝贵的经验就像是一把把利剑，能让自己从更独到、更深刻的角度去解读经济。于是，回国后的左小蕾在自己最擅长的经济领域毫无保留地发光发热。

阳　燕：那我想海外的学习生活对您来说好像已经成为一种习惯，一种常态了，应该有十多年吧？

左小蕾：大概算起来有十八九年的样子，我回国的时候就说我已经离乡很久。

阳　燕：阔别已久了。

左小蕾：当然我中间回来过，但都是短暂的停留。我回国也挺兴奋的，实际上回到中国是我们出国以后，就是一直以来的这样一个信念。

阳　燕：就是我肯定要回来的。

左小蕾：就是说我学成了以后，一定要为中国回来，一定要为中国做事，一定要把我的所学贡献给我的江东父老，不管用什么方式。

阳　燕：又是一次顺理成章，这次是顺理成章地回来了。当时国内的经济是一个什么样的情况？

左小蕾：我们是 2000 年回来的，变化很大，跟我们走的时候很不一样。我们走的时候是 20 世纪 80 年代，是少年，回来的时候已经是中年了，十几年，二十年，改革开放的变化确实很大，但是真走近它的时候，你是一定会发现一些问题的。当时因为我们在国外教书嘛，回来以后呢，首选可能还是要去教书。很多学校来邀请我，但是我当时有一个很强烈的感觉，就是国内那时候 MBA 的 program 和国外还是有一些差距。最大的差距呢，我觉得是两个。首先，国外 MBA 的 program 都是用案例教学，中国当时也有一些案例，但拿的都是国外的案例，没有什么国内自己的案例；还有一个很大的区别就是我们的老师，他在教一个实践性很强的课程，但是他本人没有这样的实践，而在国外，MBA 的老师差不多都是一些公司的董事或者自己就是一些家庭企业的创始人，或者是一些企业的顾问，他对那些企业、对市场很了解，所以呢他能够把那些问题带回来，写一些案例，又教给学生。他也跟进这些市场的理论也好，或者是一些实践模式，然后他再回到课堂上。所以，我回来以后就觉得我们当时这种 MBA 的 program 可能有这两方面的欠缺。包括我自己去当老师，我觉得我欠缺一个对我们市场的了解。因为我出国的时候，中国还没有资本市场，回来的时候有了资本市场，而且当时我还记得，有一些中国资本市场的术语，我还不知道怎么用英文来表述。所以我觉得我是不是应该要贴近一下市场，然后才能够做一个合格的老师，所以后来我就去了银河证券。

阳　燕：其实回来的时候，你们应该是学成归来了，那个时候中国正需要一批这样的人。而且我们把时间倒回到 21 世纪初的时候，那个时候专家这个词还真的不太流行，真正能出来为老百姓答疑解惑的经济学家也是少之又少，但是幸好有一批像您这样既自律又在不断完善的经济学者开始发光发热了。

左小蕾：我觉得倒回去想的时候，你说的这个情况是一个真实的画面。那个时候真是没有太多的人说，或者是说也说不出一个……

阳　燕：所以然。

左小蕾：能够有说服力的道理。当时也遇到了很多人对我们这些"海归"非常不满意，说什么东西你都敢说，而且还说，你们说的那些东西和之前的完全不是一回事，就是跟他们习惯的那种说法，完全有点离经判他们那个道了，所以关于这个"海归"经常就变成了一个非常负面的话题。但是至少我自己觉得，真是一定要讲道理，非讲不可，而且一定要讲明白，不管你接受还是不接受，我们自己认为正确的一些东西，要把这个道理说清楚。所以，也有一点无所畏惧。当时说这个"海归"名词的潜意识，就是说你不懂国情。有一次我就给回应了。他们又在说，特别是股票市场一堆过去所谓的大师在那里说，股票市场不好，就应该给政策，这个政策就应该出来做这件事情、做那件事情。我说给政策也是可以的，可是你不能够干预市场那些该作为的东西，你不能让政策去把那个市场作为的东西都给干预掉，只是为了很少数人的利益，所以我们认为这个就不对。当时我就发表了我的观点，我说资本市场已经发展十五六年了，如果是小孩的时候，没有生活自理的能力，他一哭你就给他奶吃，这样他就不哭了，解决他的问题了。这个股票市场也是这样，在初期的时候，它自己确实是非常脆弱，没有能力，政策的扶持、政策的支持那是必要的。可是现在十五六岁了，如果还是像小孩子那样，一出问题，肚子饿了就要哭，哭了以后给奶吃，这不是很荒谬吗？所以这个时候股市就要形成一些制度性的东西，要自身加以调整，按照市场规律调整。我这一下就得罪人了。这为他们都要政策，我说你们不应该要政策，而且一下把所有的利益都给打回去了，这下不得了了，说你是"海归"，不懂国情。后来老这么说，老这么说，我就回应了：我说我已经回国三年了，用别人的语言，我用英语拿到了外国人的博士学位，那我这三年的时间，我用我的母语，就不能够弄懂资本市场？给我贴上"海归"的标签，实际潜台词就是我不懂国情。我在想，我那些话说的可能跟你们太不一样，你们如果有道理的话，就来一起讨论，所以后来他们大概也知道了左小蕾是一个非常执著的，有时候甚至是固执的、坚持自己意见的人。后来碰到很多这样的事情，但是好像我还是一如既往，直到今天我也不认为我的棱角被磨掉了，这点我觉得还是非常骄傲的。

阳　燕： 其实保持您固有的棱角和个性，这是一件特别好的事情，而且我想正是因为您的这种坚持、执著，一定要讲道理、讲清道理的态度，才慢慢地树立了您权威的声音。

左小蕾： 我觉得这个是有道理的。你要变成一种声音，就一定要有自己的观点，一定要有你独立的视角，这样你才能够变成你自己的风格或者你就有了价值。就像现在，对于这些宏观形势的评论，我发现特别是2008年经济危机以来，不光是美国，也不光是中国，很多地方都形成了对宏观形势判断的一种扭曲，思想方法的一种扭曲。然后大家都人云亦云，我觉得最后误导很大，所以你现在很难看到有真知灼见的、很独到的、比较深刻的一些看法和认识。我记得李克强总理在一次会议上讨论宏观经济形势的时候，强调要加强改革，深化改革，然后要增强我们经济发展的底气，更多注意力放在关注一些升级，我们的升级版这样的问题上。我觉得他这次讲话对宏观形势是很务实的，正视了中国经济发展这个阶段的一些问题，而不是在那些数据、零点几个百分点的增长上纠结。

阳　燕：去过度解读。

左小蕾：我觉得这是一个非常重要的思路的一个转变。

敢于发声，做负责任的经济学家

阳　燕：的确，您在解读中国经济的时候，视角是独特的，而且很坚定。我们在搜索您文章的时候，不论是谈到经济增速问题、城镇化问题、货币政策、市场监管还是民生问题等，您的态度总是果敢而鲜明，您由内而外的这种风格就是——我认定了的东西，我就坚持。

左小蕾：我首先要说服我自己，我这个是不是有道理，是不是符合经济发展的规律，然后我才能够把这个道理说清楚，而且当我论证我的观点是有道理的时候，我是比较坚持的，不太容易为其他的东西所左右。我之前写了一篇关于房地产的文章，一个大家非常关心的话题，就是"2012年房地产市场为什么价格没有大幅下降"？因为这里头有经济学家的一些观点啦，2012年房地产要崩盘啦，也有人说2013年价格要大幅上涨啦，那为什么没有出现这样的情况？这篇文章写完了以后，就有一个人读了我的文章，当然也是我的朋友，专门给我发回来一个短讯：我认为纠结了这么多年的房地产价格的问题终于被你说清楚了。但是说实在的，像这样的知音是很少的。

阳　燕：正是这种难得的知音，给了您一种坚定的支持。在这样一个活跃的市场，老百姓这么关注，观点交锋很多，您也提到了很重要的一点，就是学术界需要一种宽容，也需要一种倾听。我觉得正是您这种独到的视角跟解读方式，有很多人愿意倾听您的观点，甚至是期待。

左小蕾：是，我觉得在这个信息爆炸的时代，特别是前面也说到了，原来是没有太多人说，现在好像因为大家对经济问题的关注，很多人都可以来说几句，特别是关于宏观经济的看法，对宏观数据的这些认知理解。说的人多了，各种各样的观点可能也就很多。就怎么样去……

阳　燕：去伪存真。

左小蕾：对，怎么样去梳理这个东西，这个需要很多综合性的素质，否则的话你会去误导。像我写了一篇文章，这篇文章在说什么呢？就是在说危机以来，我们这种对宏观形势的分析思路可能是扭曲的。比方说第一季度的经济数据，根据国家统计局发布的数据，我们在第一季度的经济增长是7.7%，好，股市就大跌了，跌了一点几。为什么呢？因为对宏观经济的解读是这个7.7%的增长低于了8%的预期，说明中国经济现在弱势运行。我就非常不同意这个观点，首先你不能把预期当真，预期有很多主观的因素。这个7.7%是实际的经济运行，所以，你不能够让这个主观因素很多的东西来主导实际的经济运行，它不是经济增长的目标，而且马上又解读这个政策未来是不是需要调整，货币政策是不是应该进一步宽松。我说它不是经济增长的目标，凭什么去调整货币政策，最后去实现你的预期呢？这个很荒谬啊！但是呢，他就是引导了股票市场的羊群效应，他就是能够让市场的这些听众来接受他这种没有实现预期就是经济弱势的解读，而且更荒谬的是，美国的股票市场大跌了2.3%，也被解读成中国的经济数据低于预期，当然还有美国的数据也低于预期。这种解读是非常荒谬的，而且关于"因为不合预期，所以经济就弱势，然后股票市场跌"的这种因果关系的理解也是很荒谬的。经济形势、宏观经济的增长是有规律的。这个月由于季节性因素的影响，各种因素的影响，它可能很高，表现得很强劲。之前美国一个学者就在说，美国那种宏观经济分析也是有问题的，他举了一个例子：比方说二月份，一二月份美国的就业数据非常好，那所有的报告、所有的分析就告诉大家说，美国的经济要强劲复苏。结果到三月份、四月份以后呢，这个就业数据又不好了，然后就开始说美国的经济可能又要疲软了，甚至说要进一步衰减了。他说怎么能这样分析呢！怎么能只根据一个数据，你就过于乐观或悲观？这个就业数据，如果一二月份已经雇了人，三四月份就不用雇人了，当然数据就下来了。你怎么能够因为这样一个变化，就说就业是改善了还是恶化了，然后又用这个数据来解释经济是强劲复苏了还是进一步衰退了？这是不符合规律的，很误导。所以我说现在说话的人很多，但是真正负责任地说，或者是说得有道理的人，我觉得还是需要更多。

阳　燕：现在有一个关键词，"中国梦"，作为时下的经济学家，您认为最大的责任和使命？

左小蕾：我认为作为经济学家，要思考经济学家是干什么的。我们从学经济的第一天开始，学《国富论》，亚当·斯密在里头其实就揭示了一个经济学家的使命性问题。经济学家做什么呢？他说这个世界资源是稀缺的，这是一个基本的状态，那经济学家就是要研究这个稀缺的资源怎么样优化配置，最后他要达到什么程度。他追求一个什么目标呢？追求公平和效率。那就有一个叫做最优的结果，最后的结果是要一些人比过去更好，另外一些人不比过去更差，所以这是一个很理想的状态。说实在的，对于一个真正的经济学家来说，他终身都要追求这个目标。那"中国梦"实际上也是，这也是我们的梦想，它一定要让过去比较差的人得到改善，这是一个基本的追求。这也是经济学研究的基本的和最终的目标，当然也就是我们经济学家最终的追求。

  阳 燕：非常感谢左小蕾用女经济学家独有的视角和魅力为我们解读中国经济，也让我们解读出她与众不同的自信与美丽。

施一公：我要做这个领域的世界第一

人物简介

施一公，世界著名的结构生物学家。曾是美国普林斯顿大学分子生物学系建系以来最年轻的终身教授和讲席教授，2003 年被国际蛋白质学会授予"鄂文西格青年科学家奖"，是该奖项设立以来第一位获此殊荣的华裔学者。2005 年，当选华人生物学家协会会长。2007 年被聘为教育部长江学者讲座教授。2008 年 2 月至今，受聘清华大学教授。2009 年，入选第一批"千人计划"国家特聘专家。国家杰出青年基金获得者。2010 年获得赛克勒国际生物物理学奖、香港求是科技基金会"杰出科学家奖"、谈家桢生命科学终身成就奖。2011 年获得华人生物学家协会颁发的吴瑞奖（终身成就奖）。2013 年被英国约克大学授予荣誉博士学位。2013 年 4 月当选美国艺术与科学院外籍院士，美国科学院外籍院士。现任清华大学生命科学学院院长。

导读综述

无数荣誉的背后，是一句发自内心的最真实的话——做正直的人，做诚实的学问。

对话施一公是酝酿已久的事情，这是在"海归推动中国"系列节目里不可或缺的一位嘉宾，他在生命科学领域不断演绎着自己的精彩人生。用他的话说，在这个领域，自己一直以来的目标就是，世界上没有人比施一公做得更好！

成为科学家是机缘巧合

阳　燕：想先问一个问题，成为一名科学家，是按照您之前的梦想一步一步闯出来的，还是说有别的机缘巧合？

施一公：有别的机缘巧合，从小我受的教育是比较传统的教育，很想做科学家，直到我大学三年级的时候，家里出了一些事情，因为我的父亲不幸去世，从那以后有两年时间我不想做科学家了。

阳　燕：为什么？

施一公：曾经很想，后来我觉得做科学家，离改变这个社会有点远，很想做一些和老百姓的生活直接相关的事情。想过从政，但是从政无门，后来就想经商，所以大学后两年做了不少跟经商有关的事情。大学毕业那一年，我本来是要去香港，代表清华大学科技开发总公司做驻香港的，你很难想象，公关代表，阴差阳错之间。

阳　燕：就是说，您很擅长跟人打交道。

施一公：曾经这样擅长过，现在可能不行了，因为在实验室待得太久。所以，在阴差阳错之间差一点去香港，因故没有去成，然后又转为去留学。

阳　燕：还真是绕了一圈。

施一公：绕了一圈。到 2013 年 4 月 2 日，到美国留学整整 23 周年

约翰霍普金斯大学博士毕业

了，我是 1990 年 4 月 2 日迈出国门的，刚去美国的时候也没想做科学，也没想一定要做科学家。应该说到了博士毕业那年，1995 年以后才定下心来，要一心一意做我的生命科学，也就是老百姓俗称的生物。

阳　燕：那您真正与生命科学结下不解之缘是在哪一年？

施一公：比较难讲我觉得。如果说我这辈子觉得自己的职业一定是做生命科学研究的话，应该是在 1995 年年底。

阳　燕：那个标志点是什么？

施一公： 标志点就是我自己把可能想到的职业生涯已经尝试过一遍了，觉得自己其他的都没戏，只能做生命科学了，可能这也是最适合自己的。

阳　燕： 但其实生命科学挺难的。

施一公： 其实生命科学范围特别大，有的研究领域很难，有的也不一定，因为生命科学不像有些人想象的，只是做一些生命的起源、进化，它还包括比如说健康、医学、药学，像生物物理、生物化学、遗传、发育、分子工程、蛋白工程等，包括的范围特别宽泛。实际上生命科学研究在国外是最大的一个研究领域。

阳　燕： 它其实涵盖的内容会很多，没有我们想象得那么遥远而陌生。

施一公： 对，其实和老百姓的健康特别近，比如说艾滋病的预防，比如说干细胞的治疗，比如说我们去看病服药，一些分子类药物的发现等，都是生命科学的研究范畴，它非常博大精深。

阳　燕： 听您这么一说，我突然觉得好像跟咱们的生活关联度还是挺大的。

施一公： 对，我给你举一个例子吧，比如说艾滋病，艾滋病在美国、在国际上一共有 30 种药，一个两岁儿童如果得了艾滋病的话，在发达国家他可以健康地活到 80 岁左右，它不是一个致死性疾病，因为它有各种各样的，我们叫鸡尾酒疗法，可以帮他很顺利地治疗疾病。它是一个慢性的可控疾病，这些药的发现都是生命科学研究的范畴，而且都是生命科学的发展带来的。其实在美国的话，整个美国政府支持基础研究的钱有一半左右用在生命科学上，你可以这样想，其他的像数学、物理、化学、天文地理等加在一起，不过是另外一半。

在这个领域，他拥有一种魔法

阳　燕：您身上是不是有很多与生俱来的东西，成就了您接下来的这种事业和发展方向？

施一公：我觉得我自己从小的经历，我们叫 atypical，应该不是很典型的一个成长历程。我从小是数学、物理很好，其实在 1984 年的全国数学联赛中，我是河南省第一名，要说我第一个保送的学校是南开数学系，当时陈省身先生还在，大名远扬，很想去。后来北大物理系还有清华都给了保送名额。

阳　燕：抛出了橄榄枝。

施一公：对，当时有点犹豫不决，然后我的父母也有不同意见，我是听了老师的一句话，觉得 21 世纪可能是生命科学和人工智能的世纪，觉得生命科学特别玄，特别深奥，就选择了生命科学。

阳　燕：所以您是骨子里有点求新求变的人？

施一公：没错，我觉得我这点和很多人是不太一样的，说实在的，刚开始学生物，我对生物一点兴趣都没有，但是我觉得这是一个发展方向，是人类的未来，我就选择了生物。我觉得人的兴趣是可以培养的，人的兴趣有时候在很多地方，尤其专业选择，不是与生俱来的。在清华，在以前的普林斯顿都有这样的情况，学生觉得他喜欢什么，其实不是，他是听了甚至是一面之词，甚至是看了一个电影，或者是老师讲的一节课，突然之间就陷入了对这种领域的追求。实际上这可以说很肤浅，并不是他的真正兴趣所在，但我觉得人的兴趣是可以培养的。

阳　燕：甚至是一种冲动。

施一公：对，很多时候就是冲动，是这样的。

阳　燕：但是有一点您肯定不是冲动，就是当年在清华读完本科，您选择去美国深造，当时是什么样的想法？

施一公：当时的想法说起来话比较长，我简单一点讲吧，我是在一天之内做了考托、考 GRE 的决定，非常仓促，但是我一旦决定了的事情，我有两点会坚持：第一，我会坚持做下去，我很少甚至从来不会改变；第二，我从来不会后悔自己做过的决定。

阳　燕：您是那种挺执著的人。

施一公：我觉得是。

阳　燕：走出国门，去世界一流大学，然后接触一门学科的世界顶尖水平，对您初出国门来说，是不是冲击特别大？

施一公：特别大。我现在还记得，1990 年初刚到美国的时候，在实验室里开始阅读科技文献，读不懂，着急啊，八九个小时读一篇文章，读了个似懂非懂，可是第二天要向自己的老板讲，要跟实验室的其他同事讨论，这个着急啊，当时觉得怎么搞的，我在清华怎么没学好，看来都是做生意给弄的。但是实际上，更大的冲击来自心理上。像我们这个年代的人，生活在 20 世纪 70 年代、80 年代，成长上学这样起来，对国外一无所知，根本不像现在的年轻人，我们真是一点都不知道国外是什么情况。跨出国门以后，这种文化上的冲击、观念上的冲击和极度的心理孤寂带来的冲击，让人挺难接受的。我觉得持续了可能有一年才适应，挺长的。

阳　燕：怎么走过这道坎儿的？

施一公：到一个新的地方，你肯定会交新的朋友，尤其在大学里，当时的中国学生不是特别多，但还是有一个自己的组织，这种感觉还是挺好的。我觉得我在这其实也想提一点，就是每个人都有自己的一个，应该叫民族认同感，这个认同感不管走到哪都会带着它，它不以你的教育背景，不以你的国籍，不以你任何其他的工作单位和社会关系去改变，就是你的一个认同感。所以说，当你碰到了一些同样来自中国的留学生、朋友的时候，感觉就好多了，就亲多了。

阳　燕：嗯，您在美国约翰霍普金斯医学院，获得了博士学位，而其实更广为流传的是，当时您的导师破例宣布，施一公是我最出色的学生！说说这位导师和您的故事吧。

施一公：我这个导师很有名气，他的名字叫伯格，身高有一米九二至九三的样子，长得非常健壮，大概有一百公斤的样子，他的父亲是斯坦福大学著名的数学教授，沃尔夫奖的获得者。我这个导师也是青年天才，当时在美国，33岁就做了约翰霍普金斯大学医学院的系主任，非常有才华。但是我很怕他，我在他的实验室，前两年跟他接触不多。为什么呢？因为他当时太有名气了，很少有跟他谈话的机会，一般都是通过直接带我的这个，我们叫小老板或者叫小导师跟他交流。直到我毕业前两年吧，有了比较多的交流。我一直不清楚他对我的印象，直到毕业前后才知道他还挺看重我的。

阳　燕：但是他们的表达方式难道也很含蓄吗？我们通常觉得外国朋友，他们喜欢你会说出来，很直接。

施一公：不是所有的美国人都会这样，我这个导师是德裔美国人，比较含蓄，也比较内向一点，他不太讲，他其实有喜欢的学生，但是因为文化上沟通不太方便。当时在他实验室做博士生的时候，我从来没有觉得我是伯格最喜欢的学生，但是离开了以后，在很多事情上看，是这样的，包括我去普林斯顿找工作的时候，我去面试，普林斯顿大学的系主任就跟我说："一公，你的导师说你是魔术师，跟我们解释解释，为什么你是魔术师？"我没听明白，我说对不起，我没听明白什么叫魔术师。普林斯顿大学的这个教授就讲，他说你干什么都能行，干什么都能干好，像变魔术一样，能把科学研究做好。我觉得这是一个可能相对于写推荐信来讲，最强烈的一种推荐方式了。

阳　燕：他觉得您拥有了一种魔法，这种魔法能够让您在自己专攻的领域游刃有余。

施一公：可能是这样。这里面其实也有一件事情，我觉得就触及清华的传统教育了。我在清华读本科的时候，学一些课，老觉得没用，比如说当时有门课叫物理化学，是我们化学系的朱教授在讲，讲得很深，而且是两学期，都很难，我的同班同学包括我本人天天在抱怨，怎么这么难，老觉得学这门课将来不会有用。出国以后，非常非常巧合，有一次，我的这个导师在实验室对所有人宣布，他发现了热力学第二定理的一个重大缺憾，他要证明这个缺憾，给我们在黑板上写了满满一黑板的公式的推演。当时我们实验室在霍普金斯大学有十几个博士生，有六七个博士后，大家看得目瞪口呆，对他佩服得五体投地，觉得伯格发现了一个新的热力学理论。但是我凭借在清华朱文涛老师给我传授的那点知识和内容，发现他的推演中有两三处明显的错误。他讲完以后，我当时是举手发言，其实也是第一次在组会上壮着胆发言，那时我已经进实验室三年了。结果我就把他这个错误给指出来了，他当时非常尴尬，从那以后我觉得他对我是刮目相看。我当时在想，从来没想到有用的东西，在那一瞬间发挥了作用。

旁白：在普林斯顿的整整十年，施一公创造了很多记录，这些记录让他在生命科学领域愈发精彩。

我也曾脱胎换骨

阳　燕：从约翰霍普金斯大学毕业之后，您又选择去了普林斯顿大学，开始了您更长的或者说更曲折的一段工作和生活。这次转折对您来说，是不是又是一次新的跨越？

清华运动会入场式

施一公：是，我对普林斯顿的印象特别美好，我可以花上半小时告诉你普林斯顿有多优美，但是我只要告诉你一点，我在普林斯顿后期的时候，在美国各个大学，包括哈佛，包括 MIT 麻省理工，包括西部的一些好大学，都希望把我挖过去做他们的教授，但是我每次去了这些大学，看一看他们校园，回来再看看普林斯顿，我都不可能做去哈佛的这种打算，我觉得没法比。普林斯顿小镇是无与伦比的，我觉得爱因斯坦很聪明，他之所以选择自己人生的最后 22 年去普林斯顿，而不是加州理工或者麻省理工，就是因为普林斯顿太美了。这是一个如诗如画如梦的小镇，特别适合做学术。

所以在普林斯顿有很多很多的故事，我记得我刚去面试的时候，系主任把我领到一家餐馆，是一个著名的法国餐馆。他说：一公，你看，这有一张桌子、两张椅子，这是以前爱因斯坦的专座，是爱因斯坦最喜欢的位置。他说，如果有一天我领你到这家餐馆吃饭，我们俩坐在这个位置上的话，那么就是说，你马上要拿终身教授了。这件事情是在 2001 年实现的，我实际上是用了三年时间，然后又用一年时间拿到了终身正教授。在普林斯顿有一个很特殊的学术习惯，它的副教授这一关很难。然后到 2002 年的时候，我是终身正教授，当时这在我们系是一个记录，在分子生物学系的历史上，我应该是最年轻的终身教授。2007年的时候，普林斯顿又非常例外地提名我为终身讲席教授，这应该是在大学体系里最高的学术待遇了，没有再往后的级别了。

阳　燕：当这些荣誉扑面而来的时候，肯定是有一种喜悦感和成就感的，但是这个好像并不妨碍您继续前进、继续冲刺，接下来您在科研上冲刺得更快了。

施一公：是这样，实际上这种荣誉来的时候当然会有喜悦，但喜悦之后更多的是危机感。所以，我在 2003 年的时候就跟普林斯顿大学的校长，也是我的一个好朋友，是个女校长，我跟她说，现在我有一个中年危机。为什么呢？有时候在学术界，你做到一定程度的时候，你会有一种感觉，觉得不过如此，自己还能做什么呢？能再往下不过是把自己的领域再往前推一推，做一做。实际上这种想法我现在看来比较肤浅，但是当时我认为我已经"看破红尘"了。说到这里，其实我也想说一点，一个人从博士生直到后来一直做学问，确实是学无止境，山外有山。我自己的话，起码经过三次脱胎换骨。我觉得当时在普林斯顿，也就是 2003 年有中年危机的时候，是我最后一次脱胎换骨的前夜，我觉得我在结构生物学领域已经做到了世界的前沿。有时候想想，这是我骨子里有这种清华教给我的自信感。这种自信不轻易对人讲，但有时候会对自己讲：施一公你想想，你为什么不能做世界上最好的？

阳　燕：脱胎换骨其实对一个人来说特别难，但是好像在您那，就是火候到了。

施一公：应该讲对我也很难，但就是跟自己的付出有关，所以说如果让外人看，每一步其实都挺难的，但是我自己非常 enjoy，做这种事情有一种幸福感，从来不觉得苦。你知道我做研究的时候，有时候会有多苦，现在想想，我用这个"苦"字，实际上自己当时一点不觉得。我博士后期间在纽约住了整整两年，我住的地方离纽约的中心公园，Central Park，只有区区三四百米，但是我在纽约两年里就没有去过一次。这是美国一个著名的景点，很多人去纽约都会看一次，里面可以轮滑，可以散步，可以谈情说爱，可以做很多有意思的事情，夏天还有一些歌星去开免费的演唱会，人山人海，但我从来没有去过。不仅如此，我基本是每两个礼拜为一个周期，从礼拜一的早上开始，到下一个礼拜五为止，每天工作至少十六七个小时，我一般是早上八九点起床，干到第二天的两三点、三四点，睡觉时间每天大概只有三四个小时，轮轴转。甚至午餐和晚餐我们叫外卖，就为省那点时间。现在回想起来都觉得挺苦挺可怕的，但自己当时一点不觉得，而且觉得有一种自豪感，觉得这日子过得真是有意义，有范儿！

科学世界里的跳跃式思维、神奇的灵感，从来不是痴人说梦

阳　燕：在听您讲这些故事的时候，我觉得您是一个具有跳跃性思维的人，是不是这种跳跃性思维，也会让您不光是在生命科学领域，就是在其他很多领域融会贯通的时候，您是有优势的，因为您不排斥别的学科。

施一公：非常谢谢你这样讲。我给你举一个例子，比如说我 2011 年 11 月在给清华大学的本科三年级、四年级讲一门课，叫生命科学的逻辑与思维，我在讲课那一瞬间突然捕捉到了另外一些信息，就是我以前经过我的背景收集的信息。我激动得不得了，就对我的学生讲，同学们，我今天在给你们讲课的时候我在受益，同时我有两个假想，这两个假想应该是重大的科学发现，如果能验证的话。回去以后我的学生就开始做，做出来以后，果然和我的假想完全一样，这种灵机一动的感觉，我觉得有时候让我非常非常享受。

阳　燕：对于做学术的人来说，这种灵感是不是特别重要的一个环节，或者说是个特别重要的支点？

施一公：我觉得应该这样讲，如果没有这种灵感的话，我认为也可以做一个很好的科学家，我觉得有两种科学家，有一种科学家完全按照事情本来的推理，一推到二，二推到三，是可以做很好的科学家的。我个人认为在生命科学领域，绝大部分的科研可以这样做，而且可以做得很好。但是我觉得有一些创新，一些跨越式的创新，需要跳跃式的思维，需要有另外一些灵感出现，我非常信奉这一条，我只是觉得自己这方面也很欠缺，我力图使自己能够有更多一点跨越。我经常会很激动地想一些问题，想不透，就是因为没有这灵感，真的这样。我可以跟你说一个小秘密，我有时候把自己关在屋子里，上网搜一些东西，其实就是为了想让自己能把几个不同的知识穿在一起，有一些新的灵感出现，我认为在生命科学里这种东西是很多的，而且我可以跟你讲很多这样的例子。我们人类的思维很受生物体自身的限制，比如说我看到东西，是因为我能够看到可见光的波长范围，可见光之外我看不到，我看不到红外和紫外；比如说我能够闻到东西，是因为我鼻子里面有一些嗅觉细胞；我能吃东西，是味觉；我能听是因为耳朵，都是我们生物的一些本能的东西；我能思维也是因为神经细胞。这些东西之外，实际上有很大一个世界我们感知不到。感知那些感觉不到的东西是需要灵感的，是需要另外一些东西的，这种突破我觉得很神奇。当然我不知道我是不是在痴人说梦话，对你这样讲，希望你能理解这一点。

旁白：在美国生活了 18 年的施一公，2008 年初，全职回到清华大学工作，他的归来被认为是中国科技界吸引力增强的标志之一。2010 年 1 月 6 日，《纽约时报》以施一公等中国"海归"科学家为例，分析了中国发展科学的努力。文章这样写道："施一公博士宣布自己为了追寻科学事业，要返回中国，他拒绝了千万美元资助，从普林斯顿大学辞职，回国担任了清华大学生命科学学院院长。"

阳　燕：在美国生活了 18 年之后，您做了一个非常重要的决定，就是回到祖国，回到清华园。

施一公：这个决定当时做得很快，因为自己已经做了很多年的准备。我其实自认为是一个看得非常开的人，可能这也是性格的一部分。我 1995 年在美国博士毕业的时候，跟我的夫人讲，我说咱们可以回国了，等到你的博士学位拿到以后我们一起回国。她就说，你回国能干什么？我说回国的话可以去做学问，到学校里。她说，如果学校不要你呢？我说如果学校不要我，我至少还能做三件事情：第一，我可以去做导游，那时候我特别喜欢旅游；第二，我可以去我的中学做英文老师或者数学老师，我觉得我都合格；实在不行的话，第三，我还可以去北京街头开出租车，因为我特别喜欢开车。所以我觉得有三种职业做后盾，没什么了不起的，回国不挺好吗？我没有想太多。其实我在美国博士毕

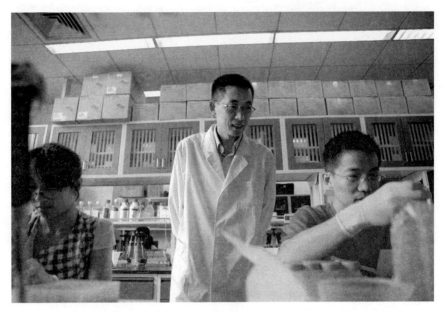

指导学生实验

业以后的很长一段时间里，一直想找机会回来，因为对我来讲，你从哪来就回哪去，这是很自然的想法。

阳　燕：可是你有没有想过，回来意味着要放弃很多东西，这种东西有的时候是一种习惯，有的时候是一种常态。

施一公：意识到了，比如说山清水秀的环境，比如说可以心无旁骛地做研究等，但是呢，这种留恋远远比不上我的另外一种感觉。这种感觉怎么讲呢，在2006年之前我回国的时候，每次回国的感觉都是双重感情的冲击。一方面我回国感到很激动，我觉得回国看看，什么都在变，清华在变，北京在变，河南在变，家乡也在变，哪都在变，觉得很激动人心；另一方面，每一次离开中国的时候都很惆怅，觉得自己是一个旁观者，不是变化的一部分，而我又特别重感情，也不怕你笑话，其实我小学老师讲的一些话，我在博客上也写了，对我现在都影响挺大的。当时我小学升初中的时候，得了驻马店镇第一名，他对我讲，用河南话讲：施一公，你长大，可一定得给咱驻马店人争光！这句话，我现在想起来还挺温暖的，我想我在美国这么富足了，当然要回来做点事情，这个是很平常的事情，很正常的事情。

阳　燕：听您的故事同样很温暖。最后有一点时间，我想请您对我们的年轻学子送出一些您的寄语。

施一公：两年之前清华学生一个毕业班请我给他们寄语，我说了这样两句话：做正直的人，做诚实的学问。我觉得这两句话也是我对整个人生的感悟。自己一路走来，这也是我最看重的两句话。我觉得在这个社会上，只要每一个年轻人有这种做一个正直的人的想法，这个社会会非常好；但是对于任何一个学生，我都会对他讲，要做诚实的学问，只要你做诚实的学问，我觉得至少你保底了。

阳　燕：真的非常感谢施一公先生用如此生动的语言为我们打开了一扇科学之门，也让包括我在内的很多人近距离地感受到您身上所散发出的人格魅力，还有就是那种持久而温暖的力量。

饶毅：顶级“海归”是如何炼成的

人物简介

饶毅，北京大学终身讲席教授，北京生命科学研究所资深研究员、学术副所长。曾任北京大学生命科学学院院长。回国前曾任美国西北大学医学院神经科教授、西北大学神经科学研究所副所长，研究神经发育的分子机理和社会行为的生物学基础。担任多个国际学术杂志编委。在斯坦福、哈佛、麻省理工学院、东京大学等国际著名大学做过学术报告。1996 年起，兼任中国科学院研究员，1999 年协助推动建立中国科学院神经科学研究所，2002 年协助建立中国科学院上海交叉学科研究中心。2004 年起，兼任北京生命科学研究所学术副所长。2007 年 9 月全职回国。

导读综述

在“海归”里，他是特别的，他喜欢“挑刺”；在科学家里，他是特别的，他主张做学问就别“当官”；在老师里，他是特别的，他希望把自己的课说得跟相声一样。

做学问，不要被目的所束缚

旁白：饶毅1962年生于江西的一个知识分子家庭。1978年参加高考时，他立志要成为一名"对人类有用的科学家"。本希望能去中国科技大学攻读物理和数学的他，却上了江西医学院。五年后，饶毅考取上海第一医学院的研究生。在上海，他接触到更活跃的学术氛围，并最终把自己的兴趣点锁定在当时的新兴学科分子神经生物学上。1985年，研究生尚未毕业的饶毅，成为改革开放后早期的自费留学生，前往美国加利福尼亚大学旧金山分校攻读博士学位。其后，他在哈佛大学继续进行博士后研究。1994年，饶毅得到了圣路易斯华盛顿大学聘书，开始领导自己的实验室。2004年，他到美国西北大学做教授，并兼任该校神经科学研究所副所长。两年后，他成为讲席教授。

阳　燕：先问一个问题，如果把生命科学比作金字塔的话，我们说在塔尖的只有为数不多的一些人。很多人说您应该是掌握了捷径的人，当然是通过您的勤奋和悟性，您怎么看？

饶　毅：我觉得也不能说一个学科就是金字塔，别的学科就是金字尾。生命科学是现在很重要的一个学科，它的一个很大特点是现在可以综合利用很多其他的学科。在生命科学里面，不仅是农业、生物、医药这些常见的学科，实际上物理、化学还有一部分数学也在应用，所以可以综合应用，我们世界上有很多人做得不错，我觉得很难一级一级这样说。我有一个老师是这样说的，他说只有牛顿和爱因斯坦是一流的科学家，做出重大贡献的是二流科学家，第三流是诺贝尔奖金得主，他希望做成第三流。他儿子听不懂，到学校跟老师说，我爹是三流科学家。老

在直播间与主持人阳燕讨论

师后来就来反映了，说你儿子有没有毛病，自己说自己家这么差劲，一般人说三流是很差，实际上这跟你怎么定义科学家有关系。我希望做科学家做得很好，大家都希望，但是如果把自己或者某个团队说得特好，把别人说得不好，可能不是一件特别好的事情。

阳　燕：是，我们说科学家其实也要有一种学术的宽容，容得下别人的优秀，当然也会对自己提出更高的要求。您大概是什么时候开始和生命科学打交道？

饶　毅：我最初对生命科学完全没有兴趣，也一窍不通，我们那个时代，我是1978年的大学生，在1976～1978年之间，很多人，包括我自己，最希望做的是数学和物理，是因为我没做成数学和物理，才把我录取到医学去了。学医的时候我再看，感觉自己对神经生理比较感兴趣，所以这样才变成做生命科学的基础研究，所以这是一个过程。后面觉得这个神经系统特别是脑袋是个很神奇的事情，所以这个时候是真正的兴趣。当然我还有一个兴趣是免疫学，所以这两个学科到底选哪一个，我犹豫过，两个我都花了一点功夫，最后还是决定做神经系统。

阳　燕：虽说我们是行外人，但是大家都知道21世纪是生命科学的世纪，所以您说的这项研究，跟我们老百姓的交集，能不能讲讲？

饶　毅：我自己的研究里面，如果社会认知逐渐在人里面有更多研究结果，老百姓容易懂，动物这一部分的结果跟人有没有关系，目前是不能定论的。也许有些比如发育的过程，很多在果蝇中找到的基因最后发现对人也是起作用的，这是一位德国女科学家和一位美国科学家主要研究的，他们1995年得奖，就是因为他们20世纪70年代到80年代初做果蝇发育做到的基因，后来发现在人里面起作用。这是当基因的功能从果蝇到人，我们叫保守但是有一部分不一定保守，基因参与的功能是不是保守，常常不能预计，所以你要问我的工作，我做的是果蝇和老鼠的行为研究。

我们可以看到：在果蝇里面我们可以造成雄果蝇追雄果蝇，老鼠里面我们可以造成雄老鼠追雄老鼠，你给它雌老鼠，它还是喜欢雄老鼠，我们可以通过基因的变化、通过细胞的变化，来造成这些表现。动物里面有的行为相似于人的行为，但是相似程度在根本上有多大，我们研究以后才知道。所以我们这一部分工作主要是从基础原理上进行验证。对人有没有意义，我们在做的时候先不问。以前的人做研究，常常是先问对人有什么意义，再反过来做，结果发现有些时候很难做。有些时候你发现了动物、植物的一些基本问题，然后有百分之九十几最后跟人没关系，但是有百分之几跟人有关系，那一部分就是很大的突破。

阳　燕：可不可以这样理解，就是做学问，目的性越少，做越纯粹的学问，出现突破性进展的几率可能会更大。

饶　毅：我想都得做，目的性的研究别人在做，我觉得我也为人家鼓掌；目的性没有那么强的研究，我们从科学规律来说，从科学史来说，非得做，不做这些东西，完全朝着既定目标走，人类并不能进步。

做科学的人，一定要喜欢不确定性

阳　燕：您一直以来反对苦分分地做学问，而我注意到一个细节，就是和您整个对话的过程，您一直是有手势的，而且神采奕奕，在您看来，科学是一件很好玩的事情。

饶　毅：因为我们不是在战时做某个工作，我们也不是因为一个紧急状态来做，我们在和平时期做科学研究。在世界上是完全允许一部分科学家，就是凭着自己的兴趣来做，而自然界有这么多有趣的事情，像我做的这一行，脑和神经系统，有很多事情大家都不理解，然后理解一点就很高兴。有一部分工作最后有应用价值，比如吃的治这个心血管病的药物，心得安，心得乐，这都是（20世纪）早期二三十年代我们神经科学这一行的人做的，他们当时不是为心脏，是做神经基本的传导问题。这个传导在神经系统里面发生，也发生在神经指挥心跳和血压的时候，结果这个化学物最后是用于治疗疾病。而我们现在有更多的问题可以做，所以我觉得每天有很多很好玩的事情。

阳　燕：你觉得有一些不确定性，有一些意外的发现，会有惊喜感。

饶　毅：喜欢做自然科学的人一定要喜欢不确定性。国内有些学生没想明白，他觉得科学就是一个崇高、艰苦卓绝的事。这要搞清楚，这个成分是有，但是不要搞得太严重了，应该首先自己要喜欢这个事情，就包括喜欢不确定性。因为最有趣的科学发现都是没想到的，你都想到了、有一定确定性的这种事情，对于有些自然科学家来说，做着就没意思了。

阳　燕：所以您是不是有时候，也喜欢天马行空地去做一些假想？

饶　毅：我们做这些研究，每年要想，每个月要想，每个星期要想，每天也要看看我们的学生有些什么结果，研究有什么结果，根据这个结果来改变自己的研究思路。如果研究思路都已经定了，没有改变，那个研究本身可能对我这种人来说就没兴趣，但是有些人觉得很有趣，就是每个人感兴趣的事情是不一样的。

阳　燕：您觉得这种不确定性和这种学术所表现出来的新鲜感，是在美国求学的过程中就已经培养起来了吗？还是后来你走着走着，发现自己就是这样的人？

饶　毅：我觉得两种都有，我意识到我原来就是这种人，在美国的时候就会觉得这学科能够发挥。科学里面有很多有趣的事情，像我们神经科学，经常会有很好玩的事情。之前我在读，不是我自己的研究，是一位英国科学家的研究，来自剑桥大学，他可以跟植物人对话，这个工作是 2006 年和 2010 年做的，我以前没注意到，我前几个月才注意到，我觉得这真是好玩，居然用现代的科学可以跟植物人对话，植物人当然不是用口对话，是通过脑电的信号，脑袋里面成像的信号来对话。这是多有趣的事情，我一看到这个东西就寄给我朋友的孩子，寄给实验室，让他们看一看。所以我想，自然科学里面本身有很多很有趣的因素。另外一方面就是说，中国的科学文化很近、老是强调成果什么东西，这些东西不是不可以，但是强调过分了，就搞得后来很多人做科学，眼光太近、目光太浅。

阳　燕：有点急功近利。

饶　毅：没有品味，所以他对科学本身不感兴趣，不会看到好东西就来，不会看到有好的学术报告就来，很大一个事情就是说，你要问一个问题：中国有多少人会感觉到有智力的饥饿？如果你是被迫学的这个，被迫考的这个，你是被人家填进去的，而你到一定程度就会说，我很希望知道别的一些事情，我很希望知道其他一些方面的知识，实际上这是在知识层面的一个饥饿。你有知识饥饿的话，你就希望经常了解自己的学科和其他学科有什么进展，希望一个聊天不只是观点的阐述，而是要有实质内容。

阳　燕：这种智力饥饿在当下，其实年轻人特别需要。

饶　毅：我觉得至少是在做自然科学的人里面，应该占相当比例。不能说这边做着别人的老师，可是实际上对智力没有追求，没有饥饿，就是诺贝尔奖金获得者跑到你这里来，讲他现在非常活跃的研究，你也可以不去听。想想看，这种人做自然科学纯粹是浪费钱。

阳　燕：其实您提到的这种智力饥饿，更像是希望做学术的人一直保有一种求知欲，因为他觉得总还有更新的、更好的东西在等待着，不断地往前走。

饶　毅：这就是非常明确的。做自然科学，我相信也包括其他一部分学术，都需要。牛顿说他只是在沙滩上捡了几个贝壳，这不是谦虚。因为比较他和他后面的物理学发展，你就知道，他当然是很重要的科学家，但是后面还有很多知识。每一个科学家如果经常感到饥饿，经常想多知道一些，总会把科学往前推一些，只是推的程度多少不一样。

不喜欢学生叫我"老板"

阳　燕：对科学家来说，往前走一小步其实特别重要。可是也有人总想追求荣誉，想走一大步，那是不现实的。

饶　毅：我想每个人不一样，有一部分人是很追求荣誉，有相当一部分诺贝尔奖金获得者对荣誉是很在意的，但是他的基础是，他要做出很重要的科学工作。还有一部分人就是因为对智力有很强的追求，老是觉得不满足，老是觉得饥饿，做了一些东西，还要做一些东西，他自然会做得更多，因为他每次会发现，后面还有更好玩的。所以这两种人都会有。比较糟糕的是，什么追求都没有，只是想得一些东西，而且做了很少的东西就想在那里享清福，这样养成的习惯就很糟糕。他们自己从来就没做什么，对智力没有追求，只有对社会地位的追求，同时他们又假扮科学家，让他们的研究生做东西，这样就很容易把学生变成苦力，这样学生就很容易做得不愉快。现在流行的一个词叫"老板"，把研究生导师叫成"老板"，这个词不是英文的一个词，是中文的，是当年台湾地区和香港地区在美国的一些人把教授叫成"老板"，这样一传就传到全中国了。有些学生跑到美国去，把他的老师叫 boss，搞得人家很生气。人家说我才不要做你的 boss，我是你的良师益友，我跟你不是一个公司经营的关系。所以，为了反对和试图逆转这个趋势，我有时候故意去说，我今天讲的学术报告、我们做的研究都是没有用处的，我们实验室做研究的目的，就是为我讲笑话提供笑料。

阳　燕：您把做学问看成一件很轻松的，甚至是一个有趣的互动过程。我不知道像您这样很容易找乐的人，偶尔也会有孤寂感吗？

饶　毅：你在社会上总会有一些，因为你原来地方的朋友很多，你从中国去美国是这样，从美国到中国也是这样的。但是我当时虽然朋友会马上少一些，但是又会很快建立一批朋友圈。那边让你发挥，而且我已经很喜欢我这个学科了，所以有什么文献看，有什么学术报告听，对我来说都填补了我在社会方面的孤寂，而且我根本就忙不过来，有很多东西要读。当然社会这方面也交一部分朋友，我自己的班上没有中国学生，在我之前有过几个，但是不多。星期六、星期天这两天当然有时候会想到家里亲戚朋友，所以我在第一年去美国的时候，大概是写了将近270封信，一部分是给父母，一部分是给女朋友，还有一部分是给所有其他人。那个时候中文没办法打字，所以都是手写的，也没办法 Email，所以写得其实挺累的。

和家人在一起

旁白：2007 年是饶毅人生中一个重要的分水岭。这一年，他在海外工作生活了 22 年后回到祖国。回国后即出任北京大学生命科学学院院长的饶毅，被认为是新时期归国潮中的代表性人物之一。饶毅选择回国的理由很简单，他说自己不想成为中国正在发生的历史巨变的旁观者，也不准备退休后回国，而是要在事业活跃时期对中国有所贡献。

倔强，源于责任

阳　燕：您在国外生活了 22 年，应该说是一个不短的时间，决定全职回国，最直接的原因是什么？

饶　毅：最直接的原因就是，我明确自己有归属感，也想了什么时候回国和做什么事情对我是比较值得的。当时我想，除了做科研以外还要做教育，所以北大来找我以后，我想了一下，去北大跟我想要参与本科生教育很有关系，所以科研加研究生和本科生教育，我觉得北大是一个合适的地方。关于本科生教育，来找我的地方当时也只有北大，其他的学校没有人问过这个事情。

阳　燕：回来以后您觉得需要很长一段时间去适应吗？

饶　毅：我跟很多人的想法不一样。所以有些人会跟我意见不一样，我认为我到北大这样的单位工作，不需要我适应北大，而是北大适应我。有些人会说你是不是自我膨大？这不是。原因很简单，当年科学院叫我来做一些工作也好，现在北大来叫我做也好，都是希望我把自己从中国人的角度在西方能够吸收的一些好的经验融合到中国，结合中国的实际，可以对中国也有用，不是希望我百分之百跟原来一样，都一样，人家要我来干什么？所以叫我完全适应，这肯定是不对的。那么是不是要部分适应？我觉得这是一个误解。什么叫部分适应呢？很多人不懂，不管在国外还是在国内做事情的时候，要能够跟人家合作，这个不叫适应，这在国外在国内是一样的。所以很多人没有注意到，我其实批评的事情和人很少，我表扬的人和事情多得多，只是表扬的时候大家听不见，只听见批评的东西。只要你有一线希望改正，我们是工作，互相工作，我们有不同的意见，在付出不同的努力，这种不叫适应，这是怎么工作。所以跟我工作的这些人和机构，用不着觉得我是不可合作的。因为我在国外工作的时候也知道，工作的时候大家都要合理，包括不同意见的人你也要容忍，但是说某个事情应该怎么走，我不赞同。你要么就跟着我走，要么不干拉倒，但是我坚持的就要做，因为这对中国来说很重要。我觉得国家、人民对科学技术的投入是很大的，在过去十年特别是过去五年这个经费在哗啦啦地增长。我回国的时候都还不知道会增长这么快。可是国家投入，包括国家对科技的投入，你怎么用好，这是一个很重要的事情。不是我管的，我要说一说，但是国家信任让我管的，学校也好，国家通过教育部、财政部给我们北大、清华的一个拨款也好，我一定要把这个事情做好。我不能说拿来了钱，大家就平分了。只要你认真负责，你的上级是会支持的。我做的所有改革的事情，北京大学样样支持，只要你院系主任敢负责，他们都支持，因为大家都知道这是对的，不能平分。来了什么东西，一定要给做得最好的那个。科研做得最好的给他科研支持，教学做得最好的给他教学支持，做服务做得好，学校也支持，所以这三批人都支持。可是别人会有意见，说你的确是给了我们，可是我们还是不高兴，我们怨声载道。我说你怨声载道，我绝对不答应，你怨声载道是你的问题，你要真有本事，觉得我们支持你不够，你拍屁股就走，你去国外也可以，去其他单位也可以，谁给你支持，你就去。你只要没去，抱怨我是不听的，抱怨是假的，你是用抱怨来希望我不提高要求，只提高支持，你是用抱怨造成一种压力，让我不管你怎样我都要给，这个我是绝对不给的。

阳　燕：其实您说得挺好的，做学问的人一定要有一种学术的恪守。这种学术自觉性其实是像灵魂一样的东西，一直得在这个人身上有，我想这样才能让学术走得下去。其实您在海外就一直关注中国的教育体制改革，回国之后应该说是更深切、更直接地感受到一些利弊。

饶　毅：我觉得教育的改革非常值得做。教学有个倍增效应，你教一百个学生，你用一个新的方法教，有两个学生后来很突出，二十年后可能不得了。所以教学改革很值得做，而我们以前的教学很多年没有进行过很好的改革，（20世纪）90年代做过一个普适性的教育，通才教育，但是那个时候做的这些人，基本上在国外没有参与过教育，所以不知道什么叫通识教育。比如全国的生科院常常就把原来的五六个专业最

留学时期的饶毅

后合并成了一个专业，这不叫通识，这叫单一性的教育。当然有些学院注意了这点，但多数没有，所以这样的话，你就更有必要在（20世纪）90年代走过一个弯路以后，把我们的教学搞好。所以我觉得我做了这几年，花了很多力气，不是没有进展，有进展。其中一个进展是，以前我们很多学生申请海外留学做研究生的时候，都是靠总分去的，美国学校本来不是这样录取的。可是没办法，美国学校就只好按中国的总分排名第一、第二、第三这样来录取，所以哈佛、MIT采取的都是这种。然后我跟学生们说你们得改，要有特色，并不是靠总分，你某个地方学得好，某个课程学得好，某个研究做得好，某个科学了解得更多，你也可以得到好的发展。他们不信，说你看以前的数字都不是这样的，我说我就是录取委员会的成员，有时候我还是录取委员会的主席。我有时候说话是没有用的，但我还是在鼓励这些学生个性化地去选课，他用不着都学生物系的课，他可以把生物某一门改掉，多学一些数学、物理、化学，这要比原来学生物学的多很多。而我们的学生有这个能力，现在有些学生这样做了。我每年暑期送 30 ~ 50 个本科生，去美国为主，还有英国、法国做暑期研究。这批学生里面有些做得很好，通过他选课不一样，通过他在国内和国外的研究经历，今年开始终于出现了，我们去到哈佛、MIT、斯坦福的研究生从生科院出去的，有一批是总分出去的，但是有一半不是总分，总分他不到前十名，甚至不到前二十名，就是因为他有别的特色，这些学校要了。这个我还会继续推动。

把做学问当成一种享受

阳　燕：您是一个很多面的人，一方面，您有着绝不能商量的严谨的科学态度；另一方面，您有着天生的幽默感。您说过希望自己把课讲得像说相声，每天都有过年过节的感觉。我也注意到在一些公众场合，除了穿西装，您很爱穿唐装。这是一种什么样的状态，把上课当成说相声？

饶　毅：我觉得我肯定没有那个能力，我看过化学系有个老师讲得真好，那真像说相声。我只能说讲得有趣，而且你坚持这个科学和学问是个有趣的事情，不要把它变成一个很功利的事情。你找一个你喜欢的事情，各行各业你去做，都是有意义的，所以科学本身也是这样的。

阳　燕：您在很多场合提到过，更愿意把自己看做一个"智识分子"，智慧的智，可不可以给我们做一下解读？

饶　毅：因为从智识分子这个意义来说，当然在英文上和知识分子是一个字，我认为翻译成"知识"是有问题的，英文原文的意思也不是知识的意思。另外从我们现在的发展阶段来说，应该是超过知识，能够有智识，包括贡献知识和了解知识，包括有创新性。有些行业有智识成分，但是不贡献知识，所以我是希望我们的学生就是去做管理，就是去做经济，就是去卖猪肉，他用的智识成分也要比别人重，这样才有特色。

阳　燕：好的，时间关系，我们的采访要暂告一段落。感谢饶毅用自己独有的生动而趣味的语言解读了生命科学，也解读了一位科学智者的从师之道。

徐昌东：创业要讲时空感

人物简介

徐昌东，1952 年出生，1983 年赴美求学。1988 年，他在美国长岛成立了以投资、贸易、化工为主业的美国达西集团。1990 年，他先后在中国内地投资旅游、航空、新能源等产业。此外，他还身兼多个社会职务，如欧美同学会企业家联谊会会长、中国清洁能源论坛中方联席主席、中国通用航空发展协会会长、中国直升机产业发展协会会长等要职。他被人们称为中国通用航空产业经济的推动者，国内外媒体誉他为"中国通用航空产业发展之父"，他是把脉中国低空产业经济战略设计者、推动者，更是勇于发现新领域的拓荒人。

导读综述

年轻的时候，他带着 40 美金闯美国，带回第一桶金。回国创业，他总是抢占先机，创业有道。现在，他思考更多的是要为国家多做点事。

我就想多做点事情

旁白： 1983年，31岁的徐昌东怀揣40美金踏上了美国求学之路。不知道未来是精彩还是迷茫，但是一颗不安于现状的心，让他踏上了异国求学之路。作为20世纪80年代新中国第一批出国求学者，徐昌东的美国求学之路并不是一路平坦。自费留学的他，四年来在美国辛苦打工，用汗水和努力换来了化学和计算机两个硕士学位，以及在外打拼的宝贵经验。1986年，徐昌东完成了自己的求学历程，准备踏上海外事业的第一站。

阳　燕： 特别神奇，在1983年的时候，您兜里揣着40美金，就从上海出发去了美国。您还记得当时的情景吗？

徐昌东： 是啊，31年了。当年就是我们在国内，国家改革开放不久，而我当时也不算年轻，已经30岁了。那时西方国家那种先进的理念，对我们的吸引实在太大了，有很大的求学意愿。另外还有经济的原因，我们也很希望到海外去淘点金。在这两个理念的驱动之下就去了。

阳　燕： 真的是40美金吗？

徐昌东： 我们国家当时只允许兑换40美金。如果你想多换，你也没有钱。因为我们的工资一个月才只有50多块，我记得非常清楚。当年的比值是1:2.2，就是美元和人民币的比价是1美元合2.2元人民币。但就这个40美金，我还是非常感激。当时国家穷，没钱给你，在这种情况之下，他们还是让你带着40美金出去。不要嫌少，现在大家认为这个40美金不算什么，但是30多年前，国家的外汇几乎没有库存，在这种情况之下还是给每个人换了40美金，这很不容易，非常不容易。

阳　燕：但在美国花，你肯定不够，因为还要生活。更重要的是，你是真的想去学东西的。

徐昌东：这个40美金严格说不是不够，几乎是没有，是零。为什么呢？我记得非常清楚，我从纽约的JFK（John F. Kennedy International Airport，美国肯尼迪国际机场）打车到曼哈顿，当年是28美金。

阳　燕：那您只剩12美金了。

徐昌东近照

徐昌东：是的。当年就是剩下了12美金。这个12美金我当时是这么计算的，9 毛 9 可以买一串面包，9 毛 9 可以买 6 瓶可乐，我以这个方式生活的话，可以维持两个礼拜。不过非常幸运的就是，第三天我就找到工作了，先在一个制衣厂里面做工人，那时候是暑假期间。后来又到华人的饭店，专门收拾台子。就这样，为 9 月 1 日的开学，我积累下来一两千美金。当时的一两千是相当多的一笔钱。

阳　燕：当然。

徐昌东：所以，就这么开始了我的留学生涯，没有什么特别精彩的故事，非常平淡，但是不容易。

阳　燕：现在可能很难有人去复制您当年的故事了，从 40 美金一下赚到一两千美金。

徐昌东：现在？我估计是不多了。现在出去的孩子，他们基本上都带点钱出去。因为现在国家也富了，也能让你多换点美金；再说现在的收入也高了，情况和以前确实是不同的。你用现在的眼光去看当时是很难，但是以我当年的情况，我感觉并不难。为什么呢？因为我当年自己在那边打工，除了付学费，我还要负担两个家庭的生活。那时，我的夫人还没过去，我去的时候孩子是三个半月，我每个月要给家里寄 100 美金。我的老母亲中风在床上，我姐姐在家里看着她，我有时候也寄 100 美金给她。但是都过来了，也没什么特别大的困难。我感觉是因为那时年纪轻，才 30 岁，现在可能很难。现在要让我去，可能有点难度了。

阳　燕：其实人们常说忆苦思甜，我想您现在应该很甜，即便想想当年的苦，好像也没觉得那么苦，是吧？

徐昌东：我感觉并不苦，我想我还是宁愿回到以前的苦。那时候年轻，现在我 60 岁，感觉到年纪大了，我真想多做点事情。

阳　燕：您还是希望用自己更多的精力，一种充沛的状态，做更多的事情。

徐昌东：是。做事，现在就是我全部生活的目的了，就要做点事情。

阳　燕： 您是那种喜欢做事的人。所以，在美国攻读完两个硕士学位之后，您开始琢磨着在美国创业了。

徐昌东： 是啊。当年创业也得到了我家人的支持，尤其是我太太。我们两个都有一个非常稳定的工作，我毕业以后就在一家德国人的企业工作。那个老板卡尔是犹太人，他非常熟悉我们中国的情况。他有马克思的血统，用我们中国话来说，五服之内。他跟我说他非常熟悉中国，因为我又是从中国过去的，所以我们很谈得来。在发展中美经济方面，这个卡尔实际上也是做出了很大的贡献，当然我作为一个中国人，也帮了他很多。后来他就跟我说："徐先生，我看你也不会是一直帮人打工的人，你应该有自己的事业。"所以我很佩服犹太人，因为他们身上有一种和我们中国人接近的奋发向上、不怕苦的精神。他还给了我一笔钱，从那个时候，我就开始组建我自己在美国的达西集团，到现在是二十几年了。反正就是这样一条路。

选项很重要

阳　燕： 您在美国创办自己的第一家企业，当时有没有遇到困难？

徐昌东： 当时是这样，我去留学的时候已经 30 岁了。由于原来是学俄文的，语言带给我的障碍就是第一座大山。我在读这些专业课程的时候，甚至有这样一个想法，就是你只要让我用中文来修这个课，你随便什么，哪怕是原子能，我都可以把它修得很好。但是我又要修它，还要攻语言关，这个对我难度太大了。

从学校课堂出来以后，我就下定决心，我再也不想回到课堂了，我必须要走自己的道路了。那么创建企业相比于读书，对我来说还是要简单得多，尤其是在美国这样一个，一整套系统比较完善的地方。因为我们国家发展得很快，所以很多年轻人心里有一种急躁感、浮躁感，他们感觉一开公司马上就会有利润，而且利润很大。他们受到的就是我们中国在这十几年、二十几年发展房地产、股票等以几何级数增长的影响。

在美国没有这种情况，就是说3%的利或5%的利就是很固定的，也不可能是暴利。那么在这种情况之下，应该说做企业的难度倒也不大，尤其我又和国内做业务，而且我做的业务又和我的专业比较贴近，就是做肥料，向中国出口化肥。当年正好是中国农业大发展的时候。在20世纪80年代末90年代初，因为我们农村的经济政策，农民都分到地了，他们积极性非常高。农村的发展需要用肥料，所以那个时候的肥料市场非常好。这个点踩得比较准。开任何企业，选项非常重要，一旦选错的话，是比较糟糕的。

阳　燕：您的企业越做越大，您做过很多个选项，怎么去保证您的每一个选项都能把风险降到最低？

徐昌东：实际上我的选项，错误的也有很多。大家看到了我现在在航空领域上面的成就，大家感觉非常好，但实际上我也有很多错的选项。有很多选项，不一定是选项错误，而是同样一个项目，把它放在不同的地点、不同的社会环境和不同的状态下，它都会由对的变成错的。尤其是像我们"海归"，更要注意到这一点。西方的东西，它在西方是行之有效的，但如果你直接搬过来，不加以改造，就会产生严重的水土不服，从而导致企业无法正常发展。

我也碰到过好几次这样的问题。举个例子，在2000年的时候，我举家搬回中国，那个时候我在美国发展得非常好，有两点驱使我必须要回到中国。第一，我的孩子从小在美国长大，它不会中文。那个时候我就非常痛苦，我必须要让他回来学中文。因为我作为父亲，中国有一句话叫"子不教，父之过"。如果将来他的中文不好，谁的责任？我的责任。所以，我带着全家回来了。第二，我在美国生活了17年，美国那一套经济学的理论和它的企业发展的轨迹，我感觉我掌握了一部分。我应该回来，把这套东西用到国内来，让中国人能够用上西方的这一套东西。

那么当时我就有了两个选项。第一个选项就是，由于当时中国的化肥生产能力提高了，对化肥的进口需求就不那么大了，那个时候我就想，我要换一个，我就用了美国的一种度假形式，翻译成中文叫"分时度假"。我是第一个把这个度假理念搬到中国来的，然后我建立了这么一套市场系统，都是非常正规地搬进来，但是我……

阳　燕： 发现实行过程中出了问题。

徐昌东： 出了大问题。为什么？像这种东西是一个长期的东西。比如说，你买一张卡要用20年，每年一个礼拜在这里度假，或者在那里度假，可以跟别人交换。我建立这么庞大的一个系统，在理论上无懈可击。但是，当中国还没有建立起一整套诚信机制的时候，你想一样东西用20年，这就是我犯的一个巨大的错误。东西是好，绝对经得住考验，用世界的眼光去看也一定符合中国的发展，但是它在中国的时机未到，早了！

阳　燕： 早了，是。

徐昌东： 第二个选项，还是早了！就是当时我和国内比较知名的酒业合作，成立了一个鸡尾酒制造公司，生产瓶装鸡尾酒，其实在美国的时候，他们就跟我合资。因为鸡尾酒原来都是现场调制，美国在20世纪90年代改造了一下，把它调好了装在瓶子里，叫瓶装鸡尾酒。这也是一种比较新的、时尚的饮料，我就把它带回来，投资了这个。这个也是选项上面的一个典型的案例。

你要知道，虽然国家开放了，但是这个口味你要调整过来，可能要花几十年到一百年的时间。就拿肯德基来说，它也在做重大的本土化改

徐昌东在美中企业家联合会

造，里面卖油条，卖稀饭。就是说，中西方的文化都要互补，一定不能照搬。那么这个就是我选项当中的失误。为什么？因为中国人几乎不喝鸡尾酒。我为什么去做？因为我以前在美国打工的时候，美国人他们每顿饭都要喝鸡尾酒，作为开胃酒。谁知道到今天为止，我们中国还没有在鸡尾酒上普及开来。

阳　燕：是。

徐昌东：所以这个就是时空概念，你必须要把握得非常好。

这件事改变了我一生的命运

旁白：徐昌东先生的创业故事跌宕起伏，充满戏剧性。他提到了一次偶然的亲身经历，改变了他一生的命运。

阳　燕：这是一个怎样的故事？

徐昌东：这个故事发生在我留学的时候。我这个人比较喜欢玩，当时也没钱，但是我很喜欢钓鱼，喜欢海钓。在周末的时候，我和太太，还有我的一批同学，就到新泽西州的一个港口去海钓，一辆白色的游艇，50个人左右，一起出去钓蓝鱼。

这个蓝鱼30斤左右一条，而钓它上来是不用鱼饵的，非常奇怪。它的鱼饵就是一条不锈钢的小鱼，像一支铅笔这么长，那个海竿有你前面的话筒这么粗，有至少10米长。那么这个竿甩出去以后，几秒钟之内就会被蓝鱼一口吞住。它会看见一道闪光过去，就把小鱼咬住，然后你就不断地摇回来。那个鱼线有点像钢丝那么粗，但你要把几十斤重的鱼摇上来还是很难。这个鱼在水里力量非常大，你很难把它直线摇上来。摇来摇去，等到它没有力气的时候，你摇到船边上，船长就用钛金属的一根棍子，上面有个倒钩，一下子把它钩住后，用一个很大的海捞机把它整个捞上来。一般船开出去，船长是根据声呐定位，哪有鱼就停哪了。

阳　燕：高科技钓鱼。

徐昌东：然后船长就说，这里有鱼群，下竿，那我们就啪地甩竿下去。每次我们都能钓一两百斤鱼。他们美国人吃鱼非常浪费，一条几十斤重的鱼放在一块板上，用一把锋利的刀削了一片肉，翻过来再削一片肉，其他的就扔了。我们中国人舍不得，把几百斤鱼都带回去。我记得有一次，我姐姐也在那边留学，她为了杀这些鱼，从下午四点钟杀到半夜两点钟。

在有一次钓鱼的时候，发生了改变我命运的这件事。有个人甩竿的时候，竿从后面飞过去了，飞过了中间的船舱，到了另外一边，竟然还把那边一个人的眼睛给钩住了，整个船全乱套了，但是船长非常有经验。要说这个场景几十年来一直在我面前浮现。

他拿起旁边一个话筒，说了一句话："大家不要惊慌！不能动，任何东西都不要动。"然后他马上从船长室冲出来，拿着巴掌大的一块胶布，上面有一块纱布，把那个人的眼睛连钩子带鱼绳，一下子包在里面，粘住，固定住。有人肯定会想赶快把东西拔出来，如果拔出来，他的眼珠子就出来了，就没有了。这位船长封好后，马上用剪刀把渔线剪断，他用话筒说："大家不要慌，10分钟之内，救援直升机就到！"我当时简直是不敢相信，因为我们已经开出去40分钟左右，我一直看着手表，在8分半钟的时候，一架美洲豹直升机停在我们的头顶上，然后一根航空吊缆下来，船长把那个人抱上去，飞走了……眼睛保住了！

这件事给我的刺激实在太大了。就是说，我们中国一定也要有这么一整套的救援系统，行之有效的救援体系。他们能这样做，我们也一定做得到！后来，我进入了航空领域，尤其是我又担任了四川省的"5·12大地震"的灾后重建基金会名誉会长，还有四川省灾后重建促进会的名誉会长，我更感觉到身上的责任。我想在中国建立起这么一整套的、非政府的紧急救援体系。虽然我们是世界第二大经济体，但你想想，建立这么一整套的紧急救援体系，目前我们中国的财力是完全达不到的。因为能建设这个紧急救援体系的只有直升机。因为直升机是在任何情况之下都可以去救援的，机动性好。我就想，如果按照国际标准，每个省建立这么一整套体系，目前我们中国做不到。

国家不养飞机的救灾救援理论

阳　燕：所以得想新的出路。

徐昌东：所以，我就提出了这么一个理论：国家不养飞机的救灾救援理论，就是国家不用去养这个飞机的一套救援理论。

阳　燕：那谁来养？

徐昌东：你这个问题提得非常好，那么谁来养这个飞机？以国际紧急救援的标准，就是600公里直径之内要有这么一个紧急救援体系的话，那么完全覆盖中国，每一个省最少要有一个紧急救援中心。如果要做到所有的灾难都能够对付的话，每个省至少要有三五十架飞机，也就是直升机。如果按照中国三十几个省、市、自治区计算的话，就要有几千架飞机。几千架飞机你可能买得起，但你绝对养护不起，要养护几千架直升机，这对国家来说是一个巨大的压力。因为地震不是每天发生，你的飞机也不能每天都用。那么在这种情况之下，我提出国家不养飞机的救援救灾理论。

可以这么想，我们把紧急救援中心细分一下，分为四大部分。第一大部分，最重要的肯定是医疗救护部分，就是医院；第二大部分，就是物流仓储部分。你要有物流，要有汽车运输什么的，要有大量的救灾物资的储存；第三部分是居住部分。灾难会产生很多伤员，及陪护他们的家属；第四大部分，最大的一部分，叫做机动部分。就是你有什么样的机动力量去救灾，那就是直升机。这四大部分，我又回到我谈话的结点上，就是说时空感和它的土壤的适应性。我把西方国家弄的这套东西搬到中国来，把它变成市场化的，就是非政府的，而且是盈利的模式，那么岂不是解决了我们国家的负担，而且又能让它每天产生利润。这个就是我着手研究的东西。

阳　燕：这个设想听起来的确不错。那么具体到这四个部分，怎么去操作呢？

徐昌东：第一大部分，医疗救护部分。如果我们在政府政策的支持下，每个省给它建立一个三甲医院，这个三甲医院平时都是对外开放的，社会化运作，不要政府投钱。大家都知道，在中国，好医院肯定都是人满为患的，它的盈利不成问题，关键就是国家政策支持。但是建这个医院的投资者必须要和国家签订一个东西，一旦国家有难，像"5·12大地震"这种情况，你必须得清空救人。这个我想投资者一定都能做到，毕竟救人是一个人的天职。

阳　燕：人命关天。

徐昌东：那第二大部分，物流仓储部分。大家都知道，现代物流是非常盈利的一个项目。在国家支持的情况下，如在土地政策各方面的支持之下，谁都愿意来投资。等投资以后，要跟国家签订一个东西，一旦产生重大的灾难，你必须进入救灾状态，你平时的仓储要拿出一小部分来储存紧急救援物资。国家不会白给你，也可以给你出点钱，租赁或者怎么样，但是一旦在救援状态之下，你的整个物流系统全部要行动起来。这个你肯定也愿意，只要它平时是盈利的。

第三大部分更容易解决，居住部分。在一个省建立一整套的居住部门，比如说五星级宾馆、三星级宾馆、二星级宾馆，甚至酒店之类，你可以发展，国家也支持。但是你这个区域一旦产生重大灾难，你必须清空救人、助人，让这些患者及他们的家属能够住下来。

最难的就是第四大部分，这几十架直升机怎么办？我为它设计了一个非政府的盈利状态，就是每个省建立一个直升机的航空俱乐部。这个俱乐部是为高端人士建立的，就像我们的高尔夫俱乐部一样。这个俱乐部周末不是供打高尔夫的，而是玩飞机的，供高端人士去玩直升机的。

这个直升机，就像游艇俱乐部里面的游艇一样，在里面托管、租赁、维修，进行一系列检测等，周末还有一系列的活动。但你要进入这个俱乐部，想把飞机放在里面托管，你必须要跟国家签一个东西。

阳　燕：许下一个承诺。

徐昌东：需要救灾时，你的飞机要无条件地让国家使用，使用几天。当然国家也不会白用，肯定补贴你油费或者损耗费。同时，如果你自己有驾照，你必须无偿地去为国家救人，国家也不会把你忘掉，会发给你一个"中华人民共和国紧急救援爱心大使"的荣誉称号。

阳　燕：这都是您的设想？

徐昌东：这完全是我设想的一套东西，我要验证这套东西到底能不能适合紧急救援。所以，2010年7月在人民大会堂，我和国家紧急救援中心联合召开了一个中国国际紧急救援大会。我把"9·11"时纽约市的常务副市长请来了，他是当时组织紧急救援的。

阳　燕：很有经验。

徐昌东：非常有经验，而且他在灾后还建立了一套救援系统。我还把日本紧急救援的教父西川涉先生请来了，在日本的紧急救援方面，他是很强的。同时，我请了原来搞紧急救援的部队，因为中国的很多紧急救援是靠部队的。

在这个会上，我把国家不养飞机的理论公布于众。大家基本一致认为这是一个行之有效的办法，尤其对发展中国家，比如说印度、巴基斯坦、印度尼西亚、巴西这些国家，因为这些都是人口众多的国家，一遇到灾害救援体系更应该完善。

这个会开完没几个月，日本发生了巨大的灾难，就是福岛大地震。大家看得非常清楚，由于地震、海啸以后机场都没有了，跑道淹掉了，战斗机都给水漂到了一边，唯独直升机可以无障碍地进入灾区救人。就在救灾的第九天，日本就派了一个大代表团坐在我公司的会议室，跟我明确说：徐先生，我们日本将完全采纳你们中国的紧急救援理论，就是国家不养飞机理论。他们认为，他们每个县都应该建这么一个，实际上他们的县就是我们的省，他们想建立这么一个体系。对中国而言，发展了这个体系，老百姓得益了，国家得益了，又发展了我们的通用航空产业。

低空产业是神奇的潘多拉盒子

阳　燕：一次您在国外的亲身经历，把您的视野一下子拉到了中国的通用航空领域。

徐昌东：是。中国的通用航空，实际上在我之前有很多人做了。通用航空的发展不是偶然的。一个国家的人均 GDP（Gross Domestic Product，国内生产总值）达到 1000~1500 美金的时候，它会发展汽车；人均 GDP 达到 4000~5000 美金的时候，它一定会发展通用航空，就是私人飞机的进入。现在我们国家正在这个临界点上。十八大以后，国家非常明确地指出，2013 年我们要逐渐开放低空，而且我想不久的将来可能就要开放。国家是非常有决心的，要把我们的通用航空和低空产业经济搞上去。因为低空产业这项经济的能量巨大。

阳　燕：您说过这是潘多拉盒子。

徐昌东：这是一个潘多拉盒子，一旦打开，中国是一个非常大的市场。如果在这方面做好启蒙，我相信中国今后五到十年，私人飞机的保有量大概会达到几万架。

阳　燕：这个数字很惊人。

徐昌东：你知道几万架就要产生多少产业？在这产业里面，会产生飞机的维修、销售、保险、租赁，这一系列的产业链又被盘活了。

阳　燕：您的很多个前瞻性和开拓性的视野，为大家打开了一扇窗。在您的故事当中，听了很多个第一。虽然您总是说还希望回到年轻的时候，但其实您现在依然年轻，接下来您还会提出更多的第一吗？

徐昌东：这个很难，要看机会，还要看提出的东西能不能为社会所用。我想有机会的话，我还会提出。只要是对国家有用的，我还是很愿意做些事情的。

阳　燕：我想对于很多年轻的创业者来说，也包括我在内，这是一堂非常生动的创业课，让我们共同期待中国通用航空事业的又一次腾飞。

徐昌东与节目主创人员

严望佳：我不是你们想象中的"女老板"

人物简介

严望佳，北京启明星辰信息技术股份有限公司首席执行官，1990年复旦大学毕业后赴美留学，1996年获宾夕法尼亚大学博士学位，同年回国创立启明星辰公司，并担任CEO（Chief Executive Officer，首席执行官）至今。同时兼任全国政协委员、全国工商联常委、全国青联常委、中央国家机关青联副主席、中央企业青联副主席、北京市青年商会会长和欧美同学会商会副会长等社会职务。曾荣获首届中国留学回国人员成就奖、首届全国优秀中国特色社会主义事业建设者、中国青年五四奖章标兵、全国三八红旗手等多项荣誉。

导读综述

她不喜欢别人叫她女老板、女强人、美女富豪，但这些称谓从来没有离开过公众的视线；她也不喜欢太受关注，因为她觉得这个行业要静得下心，要耐得住寂寞。

我不会太早定义成功

旁白：她是我国信息安全领域几乎无人不晓的传奇人物，短短十几年，她创办的启明星辰公司拥有近百项自主知识产权。她出身于书香门第，常以一个书生自比；她身材高挑消瘦，声音柔和沉静，乌黑的秀发随意地扎在脑后。她就是严望佳，被誉为中国网络安全的领军人，很多人喜欢用神奇来评价她。

阳　燕：大家用神奇来评价您，认为您创造了一个创业的神话。对这样一种评价，您怎么看？

严望佳：我觉得，第一，现在用成功来评价我，或者来自我评价还过早。因为我相信，未来还有很长的路要走，包括我个人，也包括启明星辰在内，都希望不断超越自己，不断有新的目标，跨上一个又一个新的台阶。那么在这种情况之下，我觉得过早地说自己成功，或者过早地得到成功这个评价，并不一定是一件好事。

第二，我在想什么是真正的成功。如果说事业方面的成功是成功的话，那其实也不一定完整。因为所有人都追求幸福，一个人真正的成功，我觉得可能在很多方面。我们甚至可以忽视事业方面的成功，但是我觉得我们不能够忽略心灵方面的成功。我说心灵方面的成功，大家可能不一定理解，但我想的是，真正拥有一份特别宁静的，特别满足的，特别平和的，这么样的一种人生态度，去面对我们所经历的跌宕起伏的各个方面的境遇和各个方面人生的内容，我想这个可能是成功不可缺少的。

阳　燕：您指的成功其实有双重含义，事业成功是一方面，但您更

严望佳工作照

看重心灵的成功。

严望佳：我想这可能是一个必然的阶段，从创业的角度是这样的，从人生发展的角度也是这样的。因为到了我们这个年龄之后，就会更多地来思考一些所谓的终极问题，就像在我们小的时候，可能会梦想说我们要做科学家，我们要做……

阳　燕：有理想的人。

严望佳：对对。等我们长大之后，我们回顾过去就更多的是在展望未来的时候，我们会思考意义本身和价值本身。

阳　燕：所以您的企业走到现在，您觉得自己已经开始思考跟之前不一样的问题了。

严望佳：思考这些问题，可能不是说有一个特定的开始点，我想已经有很长时间了吧。我只是在思考的同时不断地学习，在学习的同时不断地感悟，在实践当中，也就是在生活和工作方面，怎么样做得更好。

要耐得住寂寞

阳　燕：回到您的主业，您是从事网络信息安全的，而这段时间，全世界都在讨论这样的话题。您是不是觉得自己干的这个职业，老百姓开始离它更近了？

严望佳：当然了。我觉得如果大家都对网络安全本身有一些关注的话，对促进网络安全的发展和建设肯定是一个非常好的方面。但是作为我本人，我从来也没有期待得到那么多的关注。因为信息安全这个领域本来就是需要我们特别沉静的、特别安静的、不浮躁的一种工作态度，不断地在里面积累，然后不断地营造核心技术的优势，这样才有可能在关键的时候发挥作用。所以，这个行业特别忌讳很浮躁的一些做法和想法。

阳　燕：您当时怎么就恰好关注到了这个领域？

严望佳：其实考大学的时候，我并不想考计算机系。那时候，我特别梦想去做生物工程方面的工作，因为我觉得它特别有创造性，而且特别神奇。由于各个方面的原因，我最后去了复旦大学计算机系，然后可能从那个时候开始，就和计算机这个行业有了一段不解之缘。

阳　燕：听说您当时选计算机专业，不是自己选的，是妈妈给改的？

严望佳：是，我妈妈在家里比较强势。

阳　燕：她怎么就觉得您会更适合计算机专业呢？在那个年代，这个更好找工作吗？

严望佳：其实现在想来，我觉得她是对的。并不是说我更适合生物，或者更适合计算机，这两者对我来讲都是理工科。其实我在年轻的时候，更加热爱的可能是一些艺术类，就是文科的、艺术类的东西，我更加喜欢一些比较感性的东西。走到这么理性的领域，也是我妈妈认为，学好数理化，走遍天下都不怕，有一技之长的话，将来可能生活更加有保障而已。

阳　燕：实践证明是对的，这条路您一直走下来，走得还是很精彩的。

严望佳：我觉得其实每个人的人生，都可以有它特别精彩的地方，并不一定要表现出所谓的成功和辉煌，其实很多东西都可能在自己的内心。那么也就是说，一个特别不起眼的人，看上去他可能自己都觉得别人会认为他是很可怜的人，但是他内心可能很强大，他可能很精彩。这个很难讲。

阳　燕：人不可貌相。

严望佳：嗯，那当然。

我知道自己出国要干什么

阳　燕：您的第一站是美国的费城，去坦普尔大学计算机系攻读硕士学位。

严望佳：那段时光特别好。我们当时的系主任很好。我到国外还没有奖学金，但是他给了我机会，他让我去考英语口语。所有要考口语的人都必须先培训，就有点像新东方那样先上课，至少知道以什么样的形式、以什么样的方式来评分。但是我来不及了，我就去考。不知道谁考，也不知道考什么，但是我最后得分很高。

阳　燕：一去就考了。

严望佳：因为我想去系里面争取奖学金，然后我就得通过那个考试。通过了之后，系里就给了我一个职位。我相当于我们国内的小课老师，给学生教实验课，帮老师批改作业、做辅导，这样我就不用交学费，每个月还能拿津贴。说实话，我到现在还是非常感激他。

阳　燕：那时候为您省了不少钱呢。

严望佳：其实还不在于多少钱，而是我根本支付不起。不管多少，只要能支付得起，其实无所谓，但是那时候因为家里并不宽裕，我出国的机票都是借的。如果说我要自己支付学费、生活费的话，我得非常辛苦地去打工。我也曾尝试过学校里面的计时工，就是在卖餐盒的卡车上，给学生、给老师递饭盒什么的，一小时四美元；我也尝试和几个中国留学生到"中国城"的餐馆去当服务员。饭店的老板看我好像笨手笨脚，不是特别麻利，就要了另外两个女孩，没要我，然后我就很可怜地回来了。所以，要不是有奖学金，我会比较艰难。

阳　燕：可能有些条件还不够成熟，至少经济上是欠缺的，但是您当时就是凭着自己的一股勇气和自信，就去了。

严望佳：对，其实还好。当时的情况是我在计算机系，计算机系要比纯理科，比如说像生物呀或者数学呀，更难一点拿到奖学金，而且我又没在国内读硕士，很多硕士研究生在国外比我有优势。所以，我虽然没有拿到奖学金，但是我想这是好机会。我在小的时候，总觉得科学技术最发达的地区在美国。如果做我这个行业不去美国学习的话，好像总欠缺点什么，所以就特别想去。

严望佳生活照

阳　燕：没考虑太多。

严望佳：到时候反正会水到渠成，我有一种船到桥头自然直的感觉。

阳　燕：您有一股韧劲，而且目标很清晰。接下来，第二站到了宾夕法尼亚大学。

严望佳：对，确实是。因为当时在费城，宾大是最好的学校。我就觉得，不到宾大好像没有追求卓越。好像我从小就比较傻，老是有一些很傻的想法，自己总表现得很追求卓越，但是现在看来，很多东西不一定是那样的。比如说，从小自己就有愿景，数学要考个高分，如果没考好自己回家还挺难过的。现在回想的话，当时考多少分其实对我们来讲没有任何影响。有多少用呢？但是当时自己就会为考一个高分而开心，考得不好就难过。现在我觉得真是大可不必。

机会从来都是给有准备的人

旁白：1996 年 6 月，26 岁的博士严望佳学成回国。她筹资成立了启明星辰公司，并成为首批中关村科技园企业之一。

然而当时国内互联网业的青涩状态，让启明星辰公司自建立那天起就经历了一个冰冻期。她和她的团队耐住寂寞，潜心开发自己的核心技术。她坚信，一旦互联网火起来，能让她和她的公司立于不败之地的，只能是领先的技术。

阳　燕：回国之后，您就决定创业了。那个时候创业的条件成熟吗？

严望佳：不是特别成熟，包括个人的条件也不成熟。因为我从来没有念过 MBA（Master of Business Administration，工商管理硕士），而且事实上，我还不是特别理解什么是一个企业。所以我爸妈就特别反对，他们认为你怎么能够做一个企业呢，而且他们觉得，在单位里工作不是特别好的人才会下海，说你怎么不找一份踏实的……

阳　燕：铁饭碗什么的。

严望佳：对呀，念了这么多书还要下海。其实当时，我没有对这个问题理解得这么深。我跟他们说，如果做三四年我做好了，我就好好再做；如果做不好，我会乖乖地回去工作，然后我爸妈也就拿我没办法。我回来得早，那时候产业并不成熟。

阳　燕：您回来的时候是？

严望佳：1996 年。

阳　燕：1996 年的时候，是不是正好赶上互联网的大发展？

严望佳：对，应该是。

阳　燕：所以那个时候，做网络信息安全对您来说恰逢其时。

严望佳：有点早。原因就是网络它要先发展以后，才需要安全的东西。就比如说，如果您家里面什么都没有，您肯定不会想找一个保险箱，或者装一个防盗门。

阳　燕：得先有了东西。

严望佳：对。在这时候，安全才能成为一个问题，因此，网络应用发展到一定程度，才是网络安全市场比较理想的一个状态。当然早也不是坏事，第一，能够磨炼自己，花时间建立团队；第二，毕竟研发得做在前面，这就正好给了我们一个时间，让我们准备好去抓住这样一个机会，机会从来都是给有准备的人的。从这个角度来讲，也可以说还算是比较合适的时间。

阳　燕：刚开始的时候，您的企业也是经历了一个冰冻期，但是很快，就过了两三年，马上就见起色了。

严望佳：是因为我们一开始就做防黑客的一个产品。那时候觉得，这个产品的技术含量比较高，所以特别适合像我们书生型的创业团队。但其实要把这样一个大的产品做好，得有很多研发的投入，以及市场的推广和开拓，也不是一件特别容易的事情。所以，我们那时候就更加的务实，在做入侵检测的同时，又做了一款比较小的产品，相当于保护网站的一个特别简单的产品。那款产品研发投入非常少，卖的钱也不多，但是就那样卖，企业当年就持平了。我们慢慢地就从市场上获得更多的

严望佳留学照

钱，投入在研发领域。当时国家的产业政策也给了我们不少支持，在这样的基础之上，我们就发展起来了。

反正企业发展中，突变的东西少，渐变的东西、从量变到质变的东西，对我们来讲比较多，而且我每年都围绕自己的核心竞争力在积累，我觉得这些就够了。

抓黑客的“神探”

阳　燕：因为普通老百姓了解这个网络信息安全，可能会通过一些影视作品，比如……

严望佳：《黑客帝国》。

阳　燕：对，大家大概明白是那么回事。那我就想问问望佳，真实

119

的网络安全工作是演的那样吗？

严望佳：给大家解释一下。我们相当于一个供应商，为客户提供产品，帮助他们控制由于计算机基础设施所带来的风险——这样的产品和解决方案，所以我们主要是研究他们面对的风险在哪里，我们找到控制风险的方式，然后把这些……

阳　燕：漏洞补起来。

严望佳：也有补漏洞的，也有监测的，也有过滤的，还有管理的，有各种各样的手段，把它们变成产品，然后提供给我们的客户。比如说奥运会，在中标了奥运的安全保卫后，我们要实际地监控，就是实际地阻断。一天 24 小时，一周 7 乘 24 小时都要看着这个网络，让它不致有任何问题出现。奥运开幕式那一整晚我都没睡觉，我们公司几百个员工，全都在那盯着。虽然没有大型的攻击发生，但是中型和小型的有很多，我们阻断了很多。

阳　燕：在您这样的娓娓道来中，我突然对网络信息安全这个行业有了一点更具体的了解。但是我还想追问一下，这个工作环节在我们看来很神秘，能不能揭秘一下，怎么样去完成这样一个相关的链条式的工作？

严望佳：其实网络安全，第一，就是它所有的技术，都建立在控制风险的理念上。客户面对哪些风险，我们就去帮他控制哪些风险。第二，在解决这些风险的过程当中，可以用现实生活中很多东西来打比方说明，大家可能会更了解，比如说防范黑客。

这就好比说要进入一个大楼，就像刚才我进到您的演播室，可能在门口，我就会需要出示证件，那么在核对完证件，确实我是被允许进来的时候，我就进来了。

进来之后，我们就会想还有风险，比如说有人会伪造这个证件，对不对？因此，在进来的各个地方可能还有探头，就是监控点。在那些您认为是特别重要的地方，那些访客不能进的、只有工作人员能进的地方，四面八方的探头就更加全面。

您可能还有一个保安的工作室。他们面前所有的屏幕上面，显示的是每一个监控点现在正在发生的事情。那么会有人看着屏幕说，在那个地方，好像进来了一个不该进来的人，那我们可能要去问一下他是干什么的。

其实防黑客也是这样的。我们在一个系统的边界，会有像防火墙、像一些身份认证这样的程序，希望把那些不该进来的人挡在外面。但是往往有的黑客，他能够伪造身份证或者伪造证件，说明他自己是合法的，他就进来了。

那进来之后，我们在每一个核心的地方也有监控器，然后我们也有一个集中管理的平台，能够看着这些地方发生的网络活动。实际上就是，把计算机网络里面缆线还有电缆的活动，以某种方式表现在屏幕上。你在看的过程当中，觉得这个事件发生在那，好像是不应该的，那就过去看他到底在做什么，进一步地追溯。

如果追溯出来，确实还原了这是一个攻击事件，那就可以马上阻断它，甚至溯源。这有点像我们保安的工作，好像某个人行为可疑，我们把他抓住，要盘问一下他到底是不是一个"入侵者"，还蛮有成就感的。

阳　燕：真的很佩服你。现在外面会有很多人把你评价成女强人，这个称谓，您自己会乐于接受吗？

严望佳：一点都不。我太不强，我太不是一个女强人型的人了。很多人给我贴上女强人的标签，我是很不愿意的。我经常认为自己不是一个企业家。好像在人们心目当中，企业家说话很严厉，很强势；任何事情都必须按照自己的主张去做；自己有很多的期望，如果这些期望得不到满足就不高兴。我觉得这完完全全跟我的……

阳　燕：理想状态是不一致的，您也不是这样的。

严望佳：相距甚远。而且我觉得那样的话，在高科技领域不一定能够做得好，在高科技领域，我觉得更多的是智慧型的。所谓智慧型，是通过你智慧的一种发挥，才有可能创新；是因为这种创新的能力，你才会有赢得市场空间和创造客户价值的可能。创造客户价值，才是你立身的根本。

阳　燕：所以您会更看重内在的东西，去感染别人，而不是用外在的形式和所谓的气场。

严望佳：有的时候，你会觉得内心的东西往往气场更强，呵呵。

阳　燕：谢谢！谢谢望佳用如此朴实、真诚的语言给我们讲述她自己的创业故事。感谢望佳！感谢大家！

韩小红：打响健康保卫战

人物简介

韩小红，中国专业体检第一人。2001 年毕业于德国海德堡大学，获医学博士学位，现任北京慈铭健康体检连锁机构总裁、卫生部《健康体检服务管理办法》专家委员会委员、中国医师协会医师健康管理与健康保险专业委员会委员、中国留学生创业全国理事会理事。

导读综述

她用自己最美丽的绽放，不仅仅构建起了亚洲规模最大的健康管理机构，也诠释了梦想和信念的能量，能创造出生命最璀璨的魅力。

留学时光是"熬"出来的

旁白：1997 年，韩小红从北京医科大学硕士毕业，到解放军总医院（301 医院）工作。1999 年，她获得了去德国做访问学者的机会，并成功申请到去海德堡大学攻读医学博士学位。三年后学成归国的韩小红，本可以选择回医院，继续做一名肿瘤医生，后面的道路自然是一片光明，教授—硕导—博导，最终成为一位德高望重的专家、学者。但她想了想，这不是自己要走的路，于是，她决定自己创业。

阳　燕：去国外深造是您之前就计划好的吗？因为我们知道您最开始只是想做访问学者，没打算待这么长？

韩小红：去国外深造，是计划好的。因为我自己的专业是在 301 医院做肿瘤科大夫。肿瘤这个专业大家都知道，癌症是不治之症，特别是在那个年代，来看病的都是癌症晚期的病人。我非常希望看看国外发展到什么阶段了，他们的治疗手段又如何，所以是规划好要出去的，但是没有计划去那么长时间。之所以申请访问学者，就是想在最短的时间内，了解一下国外的医学水平、医学技术就好了，所以申请了做三个月的访问学者。但是到了那里之后，三个月，我觉得时间真的是太短了。突然发现还没有学到什么，也没有觉得很透彻，所以就决定继续留下来。而继续留下来的办法，就只有继续学习、深造，于是我又在国外申请了博士，这样就有机会可以在那个国家多待几年。

阳　燕：其实对于一个女孩来说，学医，我们经常讲，特别难。它比一般的学科时间更长。那您又选择去国外，再待三年，有没有觉得为难的时候？

韩小红：经常为难。其实之所以刚开始没有计划去申请博士，就是觉得时间太长了，很想速战速决，但是知识没有这么快容易获得的。申请上博士以后，我也几次想打退堂鼓，因为太苦了，很枯燥，而且很单调；另外先生和孩子都在国内，所以几次想回来。经过几次的这种纠结，还是坚持下来了。这样把这个三年就算熬下来了，但是那个过程，其实是非常艰辛的。

阳　燕：您用了"熬"这个字。

韩小红：对。

阳　燕：您认为其中最难熬的是什么？是对家人的思念还是？

韩小红：都有。因为我其实去德国的时候，没有长期逗留的想法，所以选择的是德国，但是事实上德文我是不会的。而且在那之前，我出国的时候已经33岁了，年龄其实已经很成型了，思维方式也很固化了，所以在国外并不适应，人文环境、生活环境，包括家人不在、语言不顺畅，都不适应，挑战很大。还有最主要的就是，我已经在一个国内最顶尖的301医院上班了，已经拥有一份很好的职业了。自己也在想，我在要什么，我为什么要留下来，所以当时有个非常坚定的目标是要回国的。那么在国外当时最最坚定的就是，既然留下了，那我就要好好地了解国外当时最先进的技术手段，通过深造，通过拿到博士学位，能够对一个学科有系统的了解。这就是自己能够坚持下去的原因。

阳　燕：现在看来，当时的坚持是对的。

韩小红：我觉得这个是值得的。三年的时间事实上也不长，回过头来看的话，我三年虽然拿到了学位，但是我对那个国家的人文环境、整个社会其实了解得很少。现在对我来说，很大的遗憾就是，德国我只去了三年。回国以后，他们多次邀请我回去，我都是因为在国内繁忙，没法拿出大块时间出国。所以我也非常向往，如果有机会的话，我会再回到我的母校去看一看。

阳　燕：海德堡大学。

韩小红：对，海德堡大学，确实是一个很历练人、很让我成长的地方。

阳　燕：这三年，您觉得现在看来比较短，但是我想这三年，对您从事接下来的行业，或者说接下来的很多人生选择，是不是一个非常关键的节点？

在电视节目中做嘉宾

　　韩小红：至少这三年给我带来的是：我看到了我们国家和这个先进国家的差距，在医疗水平、医疗服务、医疗理念上的巨大差距，这是我深深感受到的。

当时没有人懂我们在做什么

阳　燕： 回来之后，您打算要做点什么？

韩小红： 回来我是充满了激情，想要在 301 做点事情，我的首选是 301，因为我是从 301 出去的，我想回报 301，那时候军人长期在外是要被批准的。我也算是个例外了，能够带着军衔在国外读博士，而且拿着军人的工资，所以我觉得我是很想回报 301 的。回来想利用自己在国外学到的那点知识做个实验室，成立这样一个平台，为病人多做点事情。但是回来之后不太适应，一回来以后，环境完全都变了。工作环境，包括整个服务理念完全不一样，所以我觉得我的力量很小，完全改造不了什么，变化不了什么。我是一个点，一个医生只是一个小小的支点。而我这样一个从海外归国的小小的支点，是无力推动什么事情的。而恰好一个机缘，先生又开了一个门诊部，让我去帮忙，所以，我就有了另外一个选择。

阳　燕： 有了这样一个经营的面。

韩小红： 对，那个时候其实也是一个点。因为门诊部刚刚起步，可是对我来讲，它是可以让我把自己想做的事情，按自己的想法去做的这样一个平台。

阳　燕： 所以您有了一个新的开始。

韩小红： 对，重新到我先生的这个门诊，帮他完成门诊部这样一个小小平台的经营，但就是这样一个小小的平台，让我们打开了一扇门。

阳　燕： 那接下来的工作，对您来说，是一个全新的挑战吗？

韩小红： 当时因为门诊部经营不是很好，我们那个时候的定位只是对病人的。跟先生商量了几次以后，我们突然思考出一个方式，就是我们应该做体检这样一个商业，做这样一件事情，它非常有价值，这个跟我过去的积累是有关系的。因为我做肿瘤科医生时看到的都是晚期病人偏多，所以其实最大的问题就是没有早期发现、早期诊断，而当时是没有这样的机构来承接这样的服务的。所以我们当时想，如果我们在健康人群当中进行筛查，早一点发现这样疾病的病人，可能就很有意义，很有价值，然后病人再到我们的门诊部做治疗，这样我们上下游产业就打通了。

阳　燕：实际上，在当时这样的社会大背景下，人们对体检这个概念是陌生而遥远的。所以，您在那个时候选择做这件事情，有没有人会来反对您？

韩小红：其实几乎就没有人懂我们在做什么。甚至当我们的体检的牌子打出去的时候，周围的邻居，包括过路的人进来以后都问：这体验是干吗的？大家完全没有体验的概念，而在医疗界，事实上对于体检这个词，我们作为医生也很模糊。

阳　燕：那是在哪一年？

韩小红：2002 年。

阳　燕：2002 年。

韩小红：对，2001 年年底开始筹备，2002 年，我觉得我自己都感觉体检这个词汇我要反反复复地说，反反复复地去咀嚼它，我才能知道这是一个商业模式，当时这就是很模糊的一个概念。我们学医，我从事医生工作也有 8 年了，我读医学书也有 11 年了，但没有听到过这个词汇，所以就是对我们来讲，体检这个词也很陌生。我们要不断地强化，不断地去咀嚼，才能把它消化下来，而社会上完全没有这样的概念，那是对我们最大的挑战，但是我们知道它的意义所在。所以当我要出来的时候，想要做这件事情的时候，是没有人支持的，我们的家人，我们两个双方父母。我和我先生的家族都是搞医的，他们觉得就是我就是在这儿瞎折腾，有的时候，打电话的时候，父母在电话里头几乎有点我觉得是咆哮的声音了，说不让我出来。

阳　燕： 觉得您特别冒险，干这件事。但您自己很坚定。

韩小红在海德堡大学

韩小红： 那个时候让我坚定的就是，我觉得我想做点挑战的事情，不想 36 岁的时候还一直循规蹈矩，然后一直沿着这个科班的规划去走。

阳　燕： 传统的发展路线。

韩小红： 这种传统的规划，念书念到最顶层，然后进职称，慢慢进，就是特别的规矩。一直在走这种传统的道路，其实我一直觉得不是很能发挥我自己的专长。我一直想做点什么，所以有了这样一个机会出来，我相信一定能做点事情，但是能不能成，当时还是很模糊的。

阳　燕： 的确，我觉得您是一个抗压能力特别好的人。而且，选择体检这个行业，跟您的专业有关，您有先天的优势。后来慢慢地，您开始看见一点起色了，这会让您更坚定。

韩小红：一开始我就很坚定，我做什么事情都是不撞南墙不回头。另外，如果出现问题的话，出现挫折的话，我会自己再劈出一条路，再往前走，这可能是骨子里和个性当中拥有的。就包括读研究生、读博士的时候，我觉得其实那个时候更难。创业以后，我倒是感觉是大家一起在干，身边有很多人，是一个团队作战，而读书的时候，是单枪匹马。你所有的事情都自己解决，那个时候的苦，是超过后来创业的苦的。所以现在我说读博士、读硕士的人，不是说他的学历、他学到的那些知识有多重要，而是他走过来了这条路。

有人跟我说，你怎么运气那么不好？

阳　燕：实际上，在这个创业的过程当中，一定会是一条比较艰辛而曲折的道路。现在想起来，您说其实没那么难，但是作为听我们节目的很多年轻的创业者来说，很愿意分享您那些曲折而特别的创业故事。

韩小红：我记得开到第七八家的时候，有人跟我说，你怎么运气那么不好？你每开一个店面，都要有一个天大的事情发生。后来我回想一下，真是这样的，真是我每开张一个店面，都会有一件事从天而降砸下来。但是事实上现在想想，其实最大的原因还真的就是，你做任何事情都是要碰到这些事情的。对于这些事情，当然最大的阻力来自内心，来自于自己。比如说我开第二家店的时候，SARS（非典）来了，一下子店面全关了，那我要去筹钱，我要让这个店面维持经营。但是这一切都是我自己可以控制的，我只要拼命奋斗，然后坚定方向就好了；开第三家店的时候，我们的店着火了。因为没有买财产险，损失都要自己担当，一夜之间一个店面全被烧掉了；开第四家店面的时候，我爸爸诊断出癌症，晚期癌症了；然后开第五家店时，我得癌症了，就是像这样的事情；到第六家店时，因为我的店名当时叫"慈济"，有人来慈济告诉我，跟他们重名了，你前面的店面可以叫慈济，以后就别叫了，自己再找一个名字吧！但我们为了全国的统一品牌，我们就把店全都变了，其实那个时候，慈济已经有名气了。但是我们为了这件事情，通过两年的努力把慈济更改成慈铭。就像这样的事情，我觉得对每一个企业来讲都是很大的周折，费很大力的事情，但即使如此，我还是觉得这些事情，只要我们自己内心坚定去做，需要时间去化解就好了。其实其他所有困难都不足以称为困难，我相信任何创业者都会碰到很多很多的事情，但这些事情需要你自己去趟，你要过不去，那你就退回来，这是创业十年以后最大的体会。慢慢就感觉到，过去是为了生存，而未来可能是为了更好地发展，所以现在正在这个阶段。

坚持是创业中非常重要的品质

阳　燕：有没有人说您的性格特别适合做企业，或者说是您在做企业之后让自己成为了适合做企业的人？您认为是哪一种？

韩小红：我觉得我的性格应该是适合做企业，慢慢自己发现的。

阳　燕：有这种潜质。

韩小红：有这种潜质。企业家就是要面临挑战，面临这种困惑，坚定不移。然后企业家要有很强的决策能力、判断能力，我是慢慢感觉到我有这么大的潜质。在我当医生的阶段，我觉得可能已经完成了这种积累，要迅速决策，迅速做判断。读书的时候，要自己去解决问题，这些可能在那个阶段已经积累了。

阳　燕：其实我特别佩服您这样一种类型。因为我们说当难题出现

在德国实验室

的时候，很多人也会去解决，但是可能会显得更心力交瘁一些。但是今天坐在我对面的您，非常释然，整个状态非常轻松，甚至我能看到您的未来会更加充满活力。所以，您是不是也会给一些很多想去创业的人一点自己的看法？

韩小红：我觉得是这样的，创业的人首先要对自己有个判断，就是自己是什么样的人，这个很重要。因为创业不是一个人的事情，创业需要团队一起作战。所以，判断好自己，你就能知道，你要的这个团队是什么样子的。咱们说创业有木桶原理，最核心的我觉得还是一个好的团队，也就是这个团队，让这个木桶没有短板，大家齐头并进。其实每个人都不是完美的。另外就是要有个好的心态。创业的时候，你会碰到各种各样的问题。你既然决定走了，你就要坚持走下去，千万不要退缩。因为很多事情都是，那句话叫做"行百里者半九十"，就是往往就差这一步，坚持下去就过去了。在创业过程当中，坚持是非常重要的品质。谁都会碰到困难，不要把它放在心上，这是最最重要的坚持。我想我能走到今天，一切都是因为，碰到所有的问题都能够坚持下来。没有一件事情很容易就会过去，包括我们企业越做越大的时候，问题越多，每天都有巨大的问题出现。但是这些问题中，其实也没有解不开的问题，也没有过不去的问题，只要你坚持下来，就一切都过去了。

阳　燕：然后慢慢地做大。

韩小红：做大并不是我规划出来的，我觉得是市场推出来的。我本来是一个很保守的人，我做第一家的时候，是看到市场有需求，我是想给客户提供更好的服务。我觉得对不起我的客户，本来是要提供一个人性化的、温暖的环境，结果因为客户的增多，导致这个环境的服务跟不上。因为没有空间，这个服务谈不上，那我想做一个更好的空间。就像你开餐馆，可能客人上来了，你就想扩展更多的空间，所以我就开了第二家店。第二家店出来，虽然客人全没了，消失了四个月，但是当SARS过后，客人再上来的时候，就开始爆棚了，那我就想赶快做第三家店，去分摊我的第一家店和第二家店。那个时候的节奏是一年一家店，很慢的。然后到第四家店、第五家店都是这样的。我是看到了客人的需求，然后慢慢做起来的。再到后来就是市场的竞争，然后就开始有人模仿我的商业，挖我的员工，这时候就把我的挑战欲给激起来了。

阳　燕：要准备战斗了。

韩小红：然后想，我要做得比你好。所以我觉得发展过程当中，其实是要感谢竞争对手的。他们给你提供了空间，让你充满了激情和战斗力。那个时候，我就想我一定要把自己的事情做得更好，拥有更多让客户选择我的优势。在这样的过程当中，就慢慢发展起来了。

十年来最大的变化,就是人们从不知道体检这个概念,到现在这个概念开始深入人心

阳　燕：您的企业已经越做越大，而关于重视体检这个概念，虽然很少很少的人在改，但是多多少少已经有人在变了。这种变化是不是会令您感到惊喜？

韩小红：是的。这不是小的变化，其实是一个非常广泛的变化。这十年来最大的变化，就是人们已经从不知道体检这个概念，到现在这个概念开始深入人心。而且关于健康的理念，我觉得或多或少都成为大家茶余饭后交谈的一个主要话题了。所以我觉得这个变化是很大的。但是因为我们从小的教育，或者是年轻的时候没有受到这样的熏陶和教育，所以很多老年人虽然已经有这样的理念了，有这样的概念了，但是还没身体力行地去做，还有一段距离。

阳　燕：从改变观念，到具体去实践。

韩小红：对。

阳　燕：还有一个漫长的过程。

韩小红：还有一个漫长的过程。但是我觉得这个速度已经很快了。

阳　燕：我记得您在很多场合都提到过德国一位卫生部长说过的一句话，体检让德国人的平均寿命提高了 20 岁。这句话是不是当时对您的冲击特别大？

韩小红：这句话其实是我在回国以后，去翻阅德国的资料时查到的。我回国以后一直在找这样的理论依据，自己支撑自己，所以当我看到这样一句话的时候，我是很兴奋的。实践证明，事实上现在有更震惊的话，说体检可以让你长寿 30 岁。在实践当中会发现，很多 90 多岁的人，他得了肿瘤，得过甚至不止一个癌症，可能是三个癌症，但是他都是在最早期的阶段，发现以后手术、治愈。最后他的死亡事实上和癌症是没有关系的，可能有的是因为其他疾病，慢性疾病的并发症，或者有的就是到了一定岁数，无疾而终了。但并不是说，他在整个生命阶段没有发现疾病，而是因为他发现得早，及时进行了治疗和治愈。这个其实就很明显地告诉了我们，体检让人长寿的原因，因为体检是早期发现了问题，从而在第一时间和阶段进行控制和治疗。那么这个治疗效果也非常好，病人的痛苦也很少，医药费也减少很多。所以，体检是非常有价值的。

阳　燕：有点像健康管理。

韩小红：健康管理的第一要素，就是一定要体检。体检以后，如果没有太多的问题，那么我们再说健康管理的养生这个阶段，再进行自我调理，维持心态的平衡，进行一些日常的干预。健康管理的出发点是基于体检的，如果没有体检，谈不上健康管理。你都不知道身体的定时炸弹在哪里，我父亲就是一个案例。我父亲自己是搞医的，他自己也去做体检，但是做得不全面，只是做了基本的检测，只查到一个很简单的指标，总之他没有继续去查。但是事实上我知道他身体肯定有病，自己是有感觉的，他做的就是定期的运动、保养、被动的按摩，他还自己去参加一些班，去练一些太极什么的。

阳　燕：他在那个年代已经算……

韩小红：已经很前卫了。但是最后发现了癌症，而且已经是非常晚期的癌症，不到一年就离世了。我的机构营业的时候，他到北京来，就是来看我的时候，我让他帮我去考察一下我的体检中心，我没有公开说这是我父亲。我让他去以管理者的身份看看服务环节，让他帮我去挑挑毛病，我给他做了一个很全面的检查，最后发现得了很晚期的前列腺癌。所以，体检是健康管理非常重要的一个环节，首先要做体检才能谈得上健康管理。

阳　燕： 我觉得您真的像一个不厌其烦的健康斗士。您会反复去告诉别人，我们应该这样做健康管理。您觉得自己会一直这样吗，就是坚定地，有耐心地，告诉更多的人？

韩小红： 会，因为我觉得它太有价值了。我自己也是因为体检而发现出了早期癌症，然后早期得到了治愈。然后我家里的人，很多人虽然是亲人，但是因为没有时间照顾他们，包括我先生家族里的人，都有这样的情况。所以我为什么不厌其烦地，反反复复地说，因为我觉得它挽救的是人的生命。我觉得我的声音太微小了，太微弱了，但是我还要去说，因为我觉得它真的太有价值了。

阳　燕： 是。

韩小红： 所以我要去说，真正行动起来吧，还是我原来那些话，因为健康不仅关系到你自己，还关系到你的家族，关系到你的家庭的幸福，关系到整个社会经济的发展，关系到整个国家的进步。我觉得，对于我们每一个人，健康是我们的基本权利，也是我们的责任。所以，我们还是要行动起来，维护我们自身的健康。

阳　燕： 好的，时间关系，我们的采访要暂告一段落，感谢韩小红。这是一次与自信、美丽、健康的交汇，也是一次对健康和幸福的重新解读。

毛大庆：我到今天都觉得自己是个小孩

人物简介

毛大庆，现任万科集团执行副总裁，北京万科总经理。加入万科前，毛大庆任职于亚洲最大的房地产投资机构——新加坡嘉德集团，担任新加坡凯德置地中国控股集团的环渤海区域总经理。作为颇受业界认可的房地产专业人士，2009 年，毛大庆当选为北京市房地产业协会副会长；2011 年，受邀成为北京市住房和城乡建设委员会住房保障咨询专家组成员；2012 年，当选为全国工商联房地产商会副会长。

毛大庆是中国房地产经理人联盟轮值主席，注册建筑师，还是中央统战部无党派人士建言献策委员会委员，中国科协全国委员会委员，欧美同学会常务理事、商会副会长。他先后入选全国最具价值经理人、全国房地产创新职业经理人、全国优秀企业家等。

导读综述

人生经历的丰富多彩，以及国际化的工作背景，让毛大庆少了岁月洗刷后的复杂和沧桑，而多了不少国际化的职业感、责任感、现代感和透明感。作为中国房地产行业第一批有海外背景的高级职业经理人，他用自己的坚守和勤奋，不断攀越新的高峰。用他自己的话说，路和方向都在于自我的把握。

工作只是生活的一部分

旁白：20世纪60年代末期，毛大庆出生在北京国防科研大院。在理想与激情燃烧的80年代，中国迎来了改革开放的大潮，他度过了中学与大学。在中国经济跨步迈入全球化的90年代初期，毛大庆第一次选择了自己的人生方向：出国学习、深造、工作，并开始了自己不同寻常的人生旅程。

阳　燕：很多接触过您的人都觉得在这个行业里，您有一种超脱在外的纯粹感和透明感，您觉得这是不是得益于自己不一样的童年？

毛大庆：肯定跟经历有关系，跟成长的时代有关系，但是我想也不光是这个原因。每个人对生活的理解、对工作的理解、对职业的理解都不太一样。

阳　燕：能不能用几个关键词讲讲，这种理解的具体含义是什么？

毛大庆：职业是人生很重要的组成部分，但它就是一部分。我把工作和生活分得很清楚，工作是你必须的一部分，没有必要把它放在一个非常特别的位置上。它就像你每天要吃饭，可能要看书，或者要会朋友一样。

我经常在想，我们一辈子从进入工作岗位、走入职场到退休，工作当然占据人生很大的部分，但是它不应该是人生的全部。工作中的快乐、痛苦、烦恼，这些都是你的体验而已。

毛大庆近照

写书纪念我的童年

阳　燕：在您身上，大家用了"透明"这个词，是不是因为您从小就是一个不太受约束的人？

毛大庆：我始终觉得，现在的我，和小时候的我没什么区别，我还是原来那个人。只不过我每天在往心里面装东西，同时也在吐东西而已。我在一天天感知自己的成长，或者说老去。我到今天都觉得自己就是个小孩，只是不断地被外部环境变得复杂；而且我始终觉得，好像不存在什么长大或者长不大。所谓长大就是多了一些沧桑，多了一些经验，多了一些磨难，只不过眼界宽了，看东西更深刻，仅此而已。

阳　燕：您对自己的童年特别珍惜，也希望能够珍藏这段时光，所以还专门写了下来。

毛大庆：对。之所以把它变成书，是因为写了七年，一两百篇东西。但是这些都不是刻意去写的，是我在感知生活的过程中，突然间跳到脑子里的一些小感受。我希望我是在用我小学时候的眼睛，或者用我女儿的眼睛，去看待我们这两代人，以及中国的变化。

阳　燕：我突然觉得这样的对话变得奇妙起来。好像我是在采访一位作家，但实际上，您是房地产行业的知名企业家。我觉得这倒是证明了，您还保留着一点自己想干什么就干什么的随性。

毛大庆：是的。自己有这种超脱于工作之外的思考方式，这是我觉得很庆幸的。

阳　燕：所以，你用七年时间写了"童梦京华"系列。

毛大庆：是的。它包括两本书，一本叫《永不可及的美好》，另一本叫《无处安放的童年》。后一本里面就是我们小时候的生活内容，做游戏，吃的、喝的、玩的，包括那时候的一些自然环境、花鸟鱼虫之类。《永不可及的美好》更多的是偏重于社会环境，这实际上给了我们很多单纯的、朴素的记忆。

阳　燕：您如此留恋当时那段生活，现在还一直念念不忘，但其实您从小的家庭教育是很严苛的。

毛大庆：我小的时候主要是跟外婆在一起。父母都在山里头的国防建设前线，相对来讲，管我的时间少一些。后来上了小学，我母亲出国

运动场上的毛大庆

做访问学者，我和父亲在国内。父亲工作也很忙，所以仍然是外公外婆带我。到了中学，父母对我的学习辅导得比较多，管得也比较严。

后来上大学，事实上就是我自己做了选择，拎着箱子就到南京上学去了，上完大学之后，又出国工作。在做人的规矩上，父母对我要求很严苛，但是我的独立性很强，大的决定和判断基本上全是自己做的。

一切都是随心而为

阳　燕：您是那种喜欢自己做主的人。

毛大庆：我在上大学的时候，我母亲在美国的一个高端的科研机构工作，当时我有非常好的条件可以去美国，恰恰那时，我并不想出国。我没有想明白为什么要出国，我觉得当建筑师应该在中国。到外国去的话，那儿的文化会不一样。

大学毕业之后，我被分配到一个国有企业，每天上班就是看报纸、喝茶，后来我觉得没意思，突然间觉得我应该自己去找工作，然后我就骑着自行车出去找工作了。

阳　燕：辞了铁饭碗？

毛大庆：对。我在自行车筐里头放了一堆图纸和简历，沿着马路边，去找那些装修公司，还去敲人家的门，跟卖瓷砖的、卖建筑材料的老板谈。还真有几个人说，他们需要画图的。

后来一次机缘巧合，季羡林先生，当时在北大帮助泰国的几家大企业，找愿意去泰国工作的年轻人。北大几个老师就问我感不感兴趣参与这样的一个培训。我觉得挺好玩的，泰国是个很神秘的地方，就参加了这个培训，后来我就到泰国去工作了。所以，我的出国经历是很奇特的。

阳　燕：海外第一站是泰国。

毛大庆：我并不是去曼谷这样的城市，而是去一个小城市的工业园，我在那里跟很多泰国的工程师一起工作、搞设计。后来我又申请去了邻近的新加坡上学，这一待就是很多年，我跟新加坡的缘分是很深的。

阳　燕：您好像是那种特别清楚自己要怎么样设计道路的人。

毛大庆：当时，泰国的企业想到中国来投资，需要培养一批中国年轻人，那时在中国，投资最活跃的外资企业就是正大集团。后来紧接着1993年年底，小平同志在蛇口跟李光耀会谈，说要向新加坡学习，巧合的是，我1994年就到了新加坡。之后，上海开始搞浦东新区建设，大量的新加坡企业开始到上海发展，我又跟着这波浪潮经常到上海。我经常跟人家讲，我是一个"海归"，但是我始终没离开过中国。我的学习、工作，一直跟中国有关系。

我很幸运，那个时代，我对发展最快的亚洲国家新加坡有了非常近距离的认识，同时，我又感受到了中国最强烈的脉动。记得1997年香港回归，那时候我在上海，到和平饭店的顶上看整个外滩跟浦东，那时候已经很漂亮了，我当时就油然而生了一种成就感，我亲身参与了这样宏大的变化。哪怕你只做了一点点，也是很幸福的。

阳　燕：先是泰国，然后是新加坡，再到上海。

毛大庆：其实后来我一直没离开新加坡，是新加坡政府派我在中国这些地方跑来跑去。后来我还去过广州、深圳。1999年年底，我转了一大圈终于回到北京。这是我高中毕业之后，第一次真正意义上回北京居住。12年的时间，中国变化非常大。

路和方向都在于自我的把握

阳　燕：您是一个职业忠诚度很高的人，在新加坡凯德置地待了14年，后来你还专门写了一些东西来纪念这段时光。

毛大庆：对。我离开凯德的时候写了一篇博客，来纪念这一段生活，感谢这段过去的日子和岁月带给我的成长和经历。我跟这一家企

工作之余的毛大庆

业，跟新加坡这个国家一起走过了十几年，确实对我影响很大。新加坡是我整个职场的起点，也是培养我职场素质的一所非常重要的学校。

阳　燕：您说过，在房地产行业具有的很多素质或者很多积淀，都源于在新加坡这段 14 年的工作经历。能不能跟我们说说在那里您最大的收获？

毛大庆：我觉得新加坡给我的很大一个教育就是要专业，做事情的专业度和敬业感。另外，新加坡社会也给了我很多启示，它是一个不断在完善、不断在创新、不断在完善自我的地方。同时，它又是一个非常守规矩的地方，而且新加坡华人保留了很多中国传统的东西，我很喜欢这个国家。

阳　燕：这些特质是不是决定和影响了您今后在这个行业里为自己树立的一个准则？

毛大庆：非常对，但是也给我带来很多困扰。直言不讳地讲，在中国，房地产行业是一个最复杂的行业，是最不可捉摸的。我又是带着那样的一种感受在做。这样的工作，很多时候挺割裂的。

阳　燕：有没有尝试去改变一些小小的东西？

毛大庆：我觉得，我们在坚守就是在改变。你要是随波逐流，就没什么好改变的了。所以后来来到万科，我也觉得很好，因为我前后工作的这两家公司，我很认同它们的道德尺度，这是最根本的。另外，万科的职业化的管理规则，也是我很佩服它的一点。中国本土的公司，没有经过跟外资的改造或者合并，最后做成了这样一种管理模式，让我很欣慰。

阳　燕：您觉得这里的企业文化，和自己坚持的某种东西是契合的。

毛大庆：是契合的。万科是一个很有理想主义色彩的企业，它跟很多完全为了利润的公司不一样。它给了我很多新的人生刺激，在工作上你可以有很大的空间去发挥想象力。当然，还有我们的企业文化包括体育文化，无论是马拉松还是自行车，它其实是传递给员工一种向上的东西。

阳　燕：从海外绕了一圈回来之后，您觉得需要花时间去适应这种差异吗？

毛大庆：杨振宁曾经说过怎样叫一个成功的好的"海归"：你应该在你所到的国家里，最大限度地让那个国家的人认为，你像他们；然后，在有能力回到自己国家的时候，让你自己国家的人认为，你仍然是他们中的一部分。

阳　燕：但是这个契合其实很难找。您出去那么久，回来之后还要很快地融进来。

毛大庆：我在新加坡，在泰国，是带着无数的好奇在观察他们，然后我就拼命地学习他们，无论是泰语，还是泰国人的生活方式。后来在新加坡，我还写了《一口气读懂新加坡》，读懂新加坡的过程，就是我理解它的过程。但我并没有忘掉原来的生活，我只是在做加法。所以我回来以后会有更多的视角，有新加坡人的视角、泰国人的视角，同时有中国人原来的视角，那我看问题的时候可能就会更多元一些。你会发现，大家都有各自的长处和优点。实际上，这个世界就是很多元，用不着说自己有多伟大，别人有多渺小，或者说别人有多么好，自己就是不行。我觉得这些都是相对的。你看问题时多元一点，可能会更平和。

改革、创新和企业家精神

阳　燕：在海外十多年，回来以后，您肯定会有自己的经验和理念，那么国内的房地产市场当时的生态，有没有让您有一种冲动，特别想改变这个行业的什么？

毛大庆：当然有。其实这个改变不是单向的，而是相互的，应该是一种良性的互动。要改变，但是一定要符合这个国家或者现在这个发展阶段的国情，否则就是空谈改变。这是没有意义的。

阳　燕：具体到房地产这个行业呢？

毛大庆：具体到项目的操作，简单讲，比方说按照规则办事，按照法制来做事情，包括整个流程的规范；良性竞争，包括怎么样来提升自己品牌的市场影响力。在中国，尤其是提升品牌影响力、品牌竞争力这一点，我觉得中国企业原来不太重视。但事实上，中国变化也很快，这些东西大家学得也都很快。

阳　燕： 如果大家都在变，您带领自己的团队怎么样去差异化竞争，怎么样去长久保持自己的优势？

毛大庆： 这就是企业的核心竞争力。我们也经常在谈，始终要保持领先，保持跟人家不一样。事实上，你要不断地调动团队的智慧去创造，但同时，你要找到你能够有而别人没有的东西。这是企业管理者必须要思考的东西。

阳　燕： 这是一种理念，还是一些细节，还是其他？

毛大庆： 这里边有理念，有你的创造性的思考方式。现在管理学上都很讲究企业家精神。企业家精神是什么呢？其实就是有几个基本的核心要素：一个就是创新，一个就是改革，还有一个就是不怕犯错误，敢于尝试。这样的精神对于社会的发展也是很有意义的。我们经常羡慕"苹果"，觉得乔布斯有多么神秘。事实上他做的，总结起来就是一个英文单词叫 ICE（Innovation，Creation，Entrepreneurship），就是改革、创新和企业家精神。

阳　燕： 好像我从您的话中听出了一点冒险的意思。是不是有时候也需要一些新点子，但有可能是在冒险？

毛大庆： 当然，我们经常在冒险，但冒险是有边界的。你不能冒法律的险，你不能铤而走险，你不能冒企业广大员工利益的险。有些可能叫冒险，有些可能也叫尝试。也许朝这个方向做下去是个死胡同，这种情况也不是没有过，但我觉得首先明确一点，你得把握基本底线。当然，多数的创新都给我们带来了非常惊讶的结果，还是会很有意思。

阳　燕： 这个冒险其实是带引号的，它更像是一种有了灵感跟冲动之后的尝试。

毛大庆： 对。我更多的是要思考这家企业怎么能跟人家不一样，这是我特别需要做的一件事情。

阳　燕：可能您的思考方向和解决问题的方式，跟自己的成长经历包括自己的兴趣爱好很有关系。所以，有人把您定位成学者型企业家，换句话说，就是可以静下心来做点自己喜欢的事情，还能做点学问。

毛大庆：其实我没什么闲暇时间，大量时间都是在工作。但是总要给自己一点除了工作以外的、不同的东西。当然我觉得，这个行业有很多有意思的东西。可能不会再有任何一个行业能像房地产行业这样，能够带给一个人这么丰富的社会观察。

阳　燕：好的。感谢毛大庆先生在话筒前为我们传递的真诚、乐观与激情，也感谢您给有着创业梦的年轻人带来的正能量。

闫长明：走出去，是为了回来更强大

人物简介

闫长明，加拿大加达国际商务投资咨询公司总裁，欧美同学会副会长。1981 年考入清华大学，获工科学士、硕士；1992 年在加拿大渥太华大学学习，获理学硕士；1994 年在加拿大渥太华大学攻读博士学位，并任加拿大渥太华大学中国学生联谊会主席，同时担任加拿大渥太华华人科技协会主席。1996 年回国创业，创建加达国际商务投资咨询公司并任总裁至今，兼任中川矿业投资公司、加拿大和中国香港等地数家能源矿产公司及上市公司董事。曾获"清华大学实验室成果奖"、国家七五重点攻关项目"清洁煤燃烧技术国家科技奖"、"中华海外留学归国十大创业人物"、"中关村留学回国创业先进代表"等。

导读综述

出国，不是为了镀金，是要融入社会学真功夫、真本领。只有这样，回来才能更好地回报祖国。

改革开放，我们这些年轻人应该怎么办？

旁白：1992 年 8 月 28 日，闫长明踏上了加拿大这片美丽的枫叶之国的国土。那时候，中国人大多数凭托福成绩考取国外大学，而闫长明的留学却是一个例外。出国前，他被分配到中国科学院化工冶金研究所，科研工作十分繁忙，不可能专心致志地去准备托福考试，托福成绩也不太理想。尽管如此，他还是给加拿大渥太华大学寄去了自己的工作简历和托福成绩单，不久便收到了加拿大渥太华大学的录取通知书，还有 27000 加元的年奖学金，由此开启了他别样的人生。

阳　燕：我们知道您当时是出国挺早的一批人，是之前计划好的吗？

闫长明：我出国是 1992 年，那个时候也没有什么计划。我是清华化工系毕业以后，直接就分配到了中国科学院化工冶金研究所。我们那阵做科研主要是研究煤燃烧技术，说得很好听，但是主要是烧锅炉，挺忙。平常一加班，就一个星期接一个星期地做实验。那时候就想着科学院应该有很多出国机会，我就和大家一样去考托福什么的，但是因为托福成绩很差，就没有太多的打算。结果没想到，发了几个学校以后，真让几个学校录取了。那个时候每个月的工资才一二百块钱，所以能够有一个全额的奖学金，27000 加币奖学金，那个时候很高了。

阳　燕：将近 20 万呢。

闫长明：差不多。如果是公派可能还得排队，还得占用国家名额，花国家外汇，还不如趁这个机会到国外学习，去看一看。所以当时本着这个目的，就这样到国外去搞一搞科研。

闫长明工作照

阳　燕：成为了改革开放出国留学的排头兵。

闫长明：20 世纪 90 年代初期，虽然改革开放一段时间了，但 1992 年其实是邓小平南巡不久，给了我们这些 20 出头的年轻人一个新的发展空间。他提出的"支持留学，鼓励回国，来去自由"，这句话到现在都觉得特别感动，特别受用。那个时候就想，中国应该怎么发展？改革开放，我们这些年轻人应该怎么办？

阳　燕：所以决定出去开阔眼界。

闫长明：说来也巧，1991 年刚好是新东方的创办初期，俞敏洪开始办出国，我穿着一身烧锅炉的工作服就去了，也想学学英语，我记得是 1991 年夏天。结果人家都非常认真地上课，我老不去上课，因为我还得做实验。等到考托福的时候我的成绩很差，差到他看到我成绩的时候说：你可千万别说是在我这学过，我刚刚开始办这个，明年你再来读，免费，只要别把这个分数跟别人说就行了。

阳　燕：成绩不理想，但您还是没有放弃。

闫长明：对了。我就想着，既然考了就试一把吧。我就把以前在清华大学获得科技奖的证明复印了，在科学院国际会议上的文章塞了几篇进去。这个可能是起了作用，等到过年就来了一封信，那一阵我的英语差到什么程度？打开信封都看不懂。我只记得当时特别兴奋，想着到那边一定好好地感谢导师。所以，当年我就像孔子的学生一样，备了一份传统的厚礼。

阳　燕：您的"厚礼"是什么？

闫长明：我就带了中国的丝绸、中国传统文化的东西，准备去表示感谢。

阳　燕：特激动吧，当时？

闫长明：是啊，可是见到他的时候，发现人家对我根本就不是这么个态度。

阳　燕：人家没打算先交流感情，也没打算寒暄，而是真的要交代你干活了。

闫长明：说得太对了。我当时就本着一个做好学生的态度去找他。我记得到了渥太华大学化工系，他办公室的门口，我自报家门，用英语背了一段感谢的话，足足背了有两三分钟，背完以后，我的那个导师是英国人，就迷茫地看着我。

阳　燕：没太听懂吗？

闫长明：他基本上没有听懂。他说你是中国来的 Yan，但是你说的什么我都没听明白，搞得我非常不好意思。他讲的很多带英国口音，我也听不明白，那我就想重复感谢他。结果没想到他说"你停"，我给你解释一下，我看了你在清华大学的科研成果，也看了你在国际会议上发表的文章，我们这有一个课题是做化工分离的，这是你未来两年的工作量，你去准备吧。我也没太听懂，但是我隐约知道，这是我的一个工作，当时我发愣了有好几秒钟。

我突然意识到，这碗刀削面能值好几百块加币呀

阳　燕：我听说您刚去的时候带了东凑西凑的 600 美金，还有一把做山西刀削面用的刀子，您带上这个是觉得吃的问题就保证了是吗？

闫长明：这个说来惭愧。那个年代，我听到的都是中国人在海外如何艰苦，到了那边要准备刷盘子，要准备从最底层做起。那时候出国机票八九百美金是借的，清华还要交培养费，另外还得备点生活费。家里怕我到国外吃苦，就悄悄地在我的行李里塞了把削面的刀子，可以想家的时候拿出来自己做碗刀削面，没想到这个刀削面后来帮了大忙。

阳　燕：这中间有什么样神奇的故事？

闫长明：刚到那边人生地不熟，早去的留学生有比较丰富的生活经验和社会经验，我就去找人家。一看国内来个小伙子，刚来的而且一个人没人关照，于是上海朋友说到我们这来，吃上海菜，广东朋友说我们家做鱼，四川朋友说我们有四川菜，我觉得真好，有口福了！可是过了几个星期发觉不对呀，我吃人家的，觉得自己非常没有能力呀，什么也不会呀。于是，认真准备之后，在一个周六的晚上，为了感谢大家，我就把红烧肉垛碎了，一人一大碗刀削面，把这些卤浇上。结果我发现大

家狼吞虎咽，说你这什么好东西呀，很香呀。这是第一碗刀削面。

阳　燕：后面还有很多碗刀削面吧？

闫长明：是啊。有一次，我想弄个电视，到商场一看，四五百块钱一个新电视，我买不起呀。一个东北哥们说，这个好办呀，我给你出主意。我赶紧请人家来家里又吃了一碗刀削面。结果经他打听，给我弄了一个旧的电视机，不要钱送给我。我不好意思，哥们给我讲一句话：嗨，咱谁跟谁呀？你的刀削面那么香，电视你就使吧。我突然意识到，这碗刀削面能值好几百块加币呀。这是第二碗刀削面。

阳　燕：可以说，这个刀削面不光是帮您省了钱，还为您打开了一扇社交之门。

闫长明：是啊，让我更有信心跟人打交道了。我刚到的时候外语太差了，就想请一个老外朋友。我思前想后，突然有一天想到有一个报纸叫《渥太华公民报》，里面好多话题在聊中国，我想是不是兴许老外关注中国呀。我就在《渥太华公民报》最后一页不起眼的分类广告的版面拟了几句话，大意是想拿中文换你的英语，用传真机发给了《渥太华公民报》。

几个小时以后，我接到电话，《渥太华公民报》有个编辑问我什么意思。我说坏了，我自己英文不好，真对不起，我本意是不愿意拿钱，但是我愿意拿出我一小时的时间教中文，看看有没有这样的交换。他说你们几点下课呀，你要是5点下课我来接你。我想，他来接我干吗呀？结果这个编辑说，愿意一小时英文换我一小时中文，哎哟真好！所以那个时候我就发现，你如果诚心跟人交流，肯定能受益匪浅。

旁白：作为一名经历了海外学习与事业开拓的人，闫长明不仅把自己的学识带回国，也把自己成功的奋斗经验带了回来。用他自己的话说，像我们这样出去又回来的人，就好比一只蜜蜂，一只毛毛虫，出去

154

了不仅把学到的本领带回来了，也把在外头不经意间身上沾到的花粉、种子、果实带回来了。在回国的事业开拓中，身上沾到的这些有用的东西，会不自觉地变成一种资源。

要学会融入

阳　燕：您在加拿大不光是学习，还担任一些社团组织的职务，我想这样的一些经验可能都帮助了您慢慢地融入这个社会，融入当地的环境。

闫长明：是的。你讲的"融入"这个词我觉得是我们留学生要考虑很多的。在当时，很多中国留学生去了之后有两种情况，一种就是去餐馆打工挣点钱，另一种就是想快快完成学业，班师回朝。但是我就觉得我去了以后，要多了解一下这个社会，所以有很多加拿大志同道合的人，当时我们搞协会，搞活动。在那边办的应该是加拿大第一份由中国内地学生办的简体字的报纸，就是几个留学生在一个地下室做的。我们当时还一块做团体的机票回国，我们甚至和加拿大最大的保险公司做联合，大家一块订保险能给打折。

阳　燕：那个时候就已经团购了。

闫长明：团购，真是！我们通过合作搞活动，还能够得到很多保险公司赞助，我们还可以每年不管是从多伦多的蒙特利尔，甚至远在最东边的哈利法克斯，还有西边的温哥华，都能来学生会开个会，还能报销，我觉得是很神奇的事情。

阳　燕：把资金玩转了。

闫长明：对，另外我们还参加一些社会活动，就更有意思了！大家都知道，在北美一般都有华人组织，一般叫中华会馆，我们就看他们做

在会议室

什么事情，因为加拿大三级政府——联邦政府、省政府和市政府支持的几任中华会馆，跟我们中国驻加拿大使馆都比较密切，我们就想，能不能联合搞活动呀？比如说，我们在温哥华大学搞了一个"中国日"，他们搞活动我们也参与，后来赶上会馆要换届，老华侨把换届当做非常重要的一件事，就在我们这个地方可劲儿拉票，我们这些人一商量，觉得既然老华侨来拉票，我们是不是也有可能成为一个候选人呀？

阳　燕：开始跃跃欲试了。

闫长明：对。因为我们这些中国内地留学生比较勤奋，大家一块跑，一块拉选票，所以投完票以后，结果一公布，我们8个内地留学生，一下子全进到中华会馆里面去了，我们还不知道怎么回事呢，我们就开始进入理事会了！我们一翻账才发现，加拿大三级政府给了很多钱，再加上那个时候还有我们自己的报纸，慢慢地，在加拿大首都渥太华，有一种中国内地的声音出现在那个地方。

阳　燕：话语权。

闫长明：对，如果你埋在书本里，这是一种角度，要是你能够放眼看到你所在的学校、你所在的社区、你所在的国家的文化，这会更好。

迂回，是为更好地修炼自己

阳　燕：所以其实我可以这样理解，您在加拿大的那段留学生活，不管是您个人的能力，还是这种团队的凝聚力，以及在潜移默化中培养起来的创新能力，都为接下来您回国创业奠定了很好的基础。

闫长明：确实，那个时候经常就按捺不住，所以我在1994年硕士毕业的时候就跃跃欲试。当时加拿大的总理克雷蒂安跟中国比较友好，他带领一个加拿大最大的商贸代表团访问中国，我就跟着回来了。回来做什么？两件事。本身我是搞化工的，那阵通过在加拿大的化工分离我就觉得，国内也做过洁净煤燃烧，但是看到了加拿大的脱硫技术，就想拿到国内来做。1995年，那个时候要推广的话，确实会好一些，但是商务环境远远不像我们想的那样。但是另外一件事情，我觉得非常有意思。1994年10月刚回来，硕士毕业了，我得去找找俞敏洪校长，因为我也知道新东方开始有点起色了，当时虽然我托福成绩不好，但我还是很感谢呀。在中关村我记得是二小吧，刚好海淀路一个十字路口，有一排房，他热情接待我说：你怎么回来了？你回来太好了，你跟我去上课吧！于是我就上讲台了，我就讲自己生活上的细节和当时国外最新的变化，大家很爱听，就定了周三的晚上和周六的下午。

阳　燕：专门定您讲了。

闫长明：那是在 1994 年 10 月，到 1995 年，书生气还很浓。但是没过多久，那边加拿大的老师来电了，说你回来读个博士呀，所以乖乖地，1995 年 1 月我又回去接着读了博士。

阳　燕：继续前进，学术的道路上。

闫长明：再往上走一走，所以那个时候就觉得，挣钱和学业相比，还是学业更重要。

用自己的所长回报社会

阳　燕：对于创业的人来讲，有一点很重要，就是在什么样的时候做什么样的事情。

闫长明：我觉得对我来说，就是赶上好时候了。中国人讲究天时地利人和，我认为支持大家创业，带给大家一大批回国创业的机会，这是天时。从 20 世纪 90 年代中期到 21 世纪初，这段时间中国和海外联系最多的我认为有两个方面：一个方面是互联网领域，很多互联网公司是这些留学生做起来的；还有一个就是资本运作领域，从华尔街回来一大批人，要知道各大投行的主管已经不是老外了，几乎都是中国人，他们的观念、思想、行为模式，应该说对于推动中国有很大的影响。我觉得我们能够在一块经常研讨，而不是在一个封闭的俱乐部里，特别好。这个群体应该是开放式的，把这些观念和思想带给更多人。

阳　燕：可以给后来者提供更多的建议和参考，实现"海归"服

闫长明与他创办的企业

务中国的理念。

闫长明：我记得 2001 年中国加入世贸组织的时候，我受《国际商报》邀请，讲民营企业国际化的发展趋势。我觉得结合点最多的是江浙一带的民营企业、广东的民营企业，他们跃跃欲试想和国际市场接轨，怎么弄？能不能把广交会的形式搬到加拿大，搬到美国呀？最典型的一家是珠海的一个制衣企业，我帮他请加拿大最好的设计师来合作，设计加拿大的品牌，再进入加拿大市场。结果老板说，你太了不起了，原本希望的就是给人做代工，每件衣服上挣上十几、二十几块钱，没想过品牌也可以是自己的，这样每件的利润可以挣到几十块钱。所以，很多"海归"虽然回来自己当老板、当董事长，但是我们更提倡的是"海归"服务中国。什么叫"服务"？就是我们可以和国内的这些民营企业、国有企业一块出谋划策。

阳　燕：用自己的所长回报社会。

闫长明：他们了解国情，而且全是有头脑的，我们也有头脑，而且可以说是海外的，两相结合。我们可以当嘴帮他讲，可以当耳朵帮他听，当眼睛帮他看。国家很支持企业走出去，但是到海外要讲海外社会责任，要讲环保，要讲共赢，那怎么办？我们和民营企业、国有企业按照国际规则合作，把事业拓展得更大。我认为这是我们"海归"的定位和发展方向，"海归"要推动中国梦，实现中国梦。

阳　燕：说得太好了，"海归"推动中国，"海归"推动中国梦！

周立群：大浪淘沙尽，巍巍我依然

人物简介

周立群，第十二届全国政协委员，外事委员会委员，欧美同学会留苏分会副会长，中俄友好协会副会长，中国诚通国际投资有限公司副总经理。

1989 年由国家教委公派赴苏联莫斯科动力学院留学，获博士学位。回国后在国家外经贸部所辖中国化工进出口总公司工作，又被派往莫斯科，任中化总公司驻莫斯科代表。后创办埃佩克集团公司。2010 年作为海外高层次人才被选聘到国资委所辖的中国诚通集团工作。他作为熟悉俄罗斯事务的专家，多年来一直积极参与和推动中俄友好，为促进中俄友好做了大量工作。

导读综述

20 世纪 80 年代末，他被公派到苏联留学。归国后进入央企，又被派往莫斯科工作，继而创办自己的企业。而后他又接受央企召唤，进入诚通集团工作。

对于不同角色的转换，周立群并没有觉得不适应。他说，在人生的每个阶段要做好应该做的事情，而且要看得长远些。

大浪淘沙尽，巍巍我依然

旁白：中国诚通国际投资有限公司副总经理周立群给人温文尔雅、为人师表的感觉。学生时代历任过学生干部的他，曾多次被邀留校，却都被他婉拒了。他觉得，自己的人生应该有更多的抱负与精彩，后来的经历也证明了他的预期。

子　楠：您是学理工科的，从事的也是商业，但是您写过这样一首诗："心高似海阔，志广百梦圆，大浪淘沙尽，巍巍我依然。"大家会觉得，工科生书呆子气比较重一些，没想到还这么有文采，会有兴致去写诗。这是您的平时兴趣所在，还是一时兴起之作？

周立群：我这也是有感而发吧。2010年4月，自己的人生又做了一次选择，作为海外高层次人才，我被选聘到国资委所辖的中国诚通集团工作。

在央企工作，人才济济的平台里，还是能够充分发挥自己的优势，也能为国家做一些贡献，当时的心情是对自己的选择充满了信心，也对自己从事这份事业有种自豪感。所以，有感而发写了这首诗，也是总结了自己一次次经历人生的选择，有所感悟吧。

子　楠：一般面临这种选择的时候，很多人的心情会是忐忑或者觉得不安，但是您用了一个词是：自信。这样一种自信的态度，在您之前那么多年的历程中好像一直伴随着您。您曾经说过，个人的创业历程是顺风顺水，其中一个重要的原因是做自己熟悉的事情。但真的就是那么

周立群近照

顺风顺水吗？这种自信真的就没有间断过吗？

周立群：我认为自己还算是比较幸运的。我高中毕业就进入大学，大学应届毕业考上了研究生，研究生毕业又获得了国家公派到国外读博士这么一个机会。以后接下来的创业又非常顺畅。恰像你所说的，看上去顺风顺水，但也有很多波折。我觉得最重要的是人生对自己的定位和一种执著发展的理念。

做自己熟悉的事情，这是指自己留学毕业以后创业的一段经历。我留学毕业时正赶上 1992 年的经商大潮。我被分到了外贸企业工作，当时也是比较时尚的职业。

子　楠：您觉得自己熟悉的事情是什么？

周立群：在事业上对外经贸比较熟悉，自己懂外语，又具有国际视野，又具有国外的一些资源，所以在这个领域里比较称心如意、如鱼得水，做起事业来也是比较得心应手的。

人生应该有更高的抱负和追求的目标

子　楠：您曾面临很多机会。比如，在学生时代就曾经多次被邀请留校，这在我们现在看来都是很好的机会。您为什么会拒绝呢？

周立群：人生应该有更高的抱负和追求的目标。我在读书的时候，毕业有可能留在学校里，无论是从政还是从事教学工作，都是很好的机会。为什么放弃了呢？实际上这不仅仅是简单的放弃，而是有更高目标想去追求和实现。

在大学时代，我品学兼优，连续多年三好学生，又是学生会主席，省学联副主席，也是全校最年轻的学生党员。自然而然，本科毕业的时候，学校要选择我留下来，比如说做团的工作，或者辅导员的工作。当时我觉得，自己的定位并不仅仅满足于此，所以还要考研究生。在研究生期间，又承担社会工作、学生党支部书记和团委副书记等工作。研究生毕业的时候，学校再一次希望自己留下来，可以当教学骨干培养，也可以做其他一些学生工作。我觉得人生的目标还要向更高的方向去迈进，所以我在还没有获得国外留学机会的时候，已经考取了可以出国的成绩。就是通过不断定位自己新的目标和发展方向，人生一步一步向更高的目标迈进。

不断挑战自我，向更高的方向迈进

子　楠： 看来不仅仅要做自己熟悉的事，还要有更高的目标不断地去挑战自己。1989 年，在哈尔滨理工大学硕士研究生毕业之后，您就被国家教委公派到苏联莫斯科动力学院电机专业继续深造学习，四年后拿到博士学位。其实在获得公派留学机会之前，您就已经考取了留学的资格，出国深造也是您一直以来的一个想法？

周立群： 我是学理工科，电机专业的。在这个领域，苏联的专业还是比较强的，我们用的教科书还有理论体系，都是当时苏联专家学者建立起来的。去苏联留学，在这个领域内是自己的一个首选。再加上在哈尔滨学俄语的同志比较多一些，过去和苏联时期的往来和情节也比较浓一些。在留学名额没有下来之前，我已经自己到大连外国语学院通过了俄语考试，而且成绩非常不错。这样，在名额到了以后，我顺利地被录取，公派出国留学，在苏联莫斯科动力学院，也就是李鹏总理曾经留学的院校。到那里学习是我在读研究生期间的一个愿望，很庆幸自己这个愿望顺利实现了。

子　楠： 每一步都很有计划性，走得也非常稳，之前对于苏联的了解是从书本上得到的，真正到了苏联留学，有什么不一样的感受呢？

周立群： 当时了解苏联只是从书本和电影电视上，《莫斯科不相信眼泪》，《钢铁是怎样炼成的》，对它充满了很多期盼。我是 1989 年 9 月被公派到那里留学，当时是苏联的后期了。1991 年，苏联解体。1989 年的苏联已经动荡不安，所以我们留学遇到的第一个问题就是环境的适应问题。当时供应也比较缺乏，商品很缺少，而且社会比较动荡。还好我们每个月有助学金。

2008 年 7 月与俄罗斯前总理普里马科夫在莫斯科合影

子　楠：当时一个月有多少钱？

周立群：大概有 100 多美元吧。每个月我们拿出 10 美元就够了，日子并没有那么紧张，只是拿钱买不到东西。中国人对自己的文化饮食还是有一定依赖性的，大米我们经常都买不到。即便是买个面包，可能都要排 20 分钟的队。这些过程经过自己的执著和坚强努力，都已经走过来了，回想那个时期，经历了很多，对日后自己的创业来说也是个磨砺的过程。

子　楠：很巧的是，您在苏联的这四年恰恰是苏联转型的动荡时期，生活上会有一些困难。在学习上也会有一些困难，当时主要的生活状态是怎样的？

周立群：因为是公派留学，在经济上还是有一定保障的。每个周末我们会到使馆教育处去，同学之间相互见见面，沟通沟通学习生活的感

166

受，和教育处的老师沟通一下，老师会告诉我们很多需要注意、能够克服的地方。自己努力学习，少接触一些社会。

是选择也是机会，走上海外创业之路

旁白：1993 年留学毕业之后，周立群进入了外经贸部所辖的中国化工进出口总公司，继而又被总部派回莫斯科的中化莫斯科公司。当时的中化莫斯科公司主要从事俄罗斯以及独联体其他国家及东欧地区的石化产品进出口业务。

在中化莫斯科工作的六年，国企的大平台给了他充分的锻炼机会，对业务和公司管理都逐渐熟悉，那个阶段也是中俄两国贸易逐步成熟的时期。1998 年年底国家由计划经济向市场经济转变的过程中，外贸体制的改革使中化失去了独家拥有的石油等进出口经营权。由于国际化经营政策的调整，中化海外地区的经营收缩，国外的很多公司和代表处被撤销，包括莫斯科。许多曾在海外工作的同事，回国之后都选择了辞职。

人生的抉择也同样摆在了周立群面前，经过深思熟虑，他认为自己今后的发展还是在俄罗斯。精通俄语，熟悉环境，拥有良好的人脉关系，于是他辞职留了下来并接收了原本在中化莫斯科工作的外籍雇员，成立了自己的公司，继续经营石油石化产品贸易，这便是埃佩克的前身。

周立群：人生每一个选择和当时的形势是息息相关的。1992 年，我们就快要毕业了。那时候邓小平的南行讲话又掀起了新的一轮改革大潮，而当时对留学生的政策就是支持留学，鼓励回国，来去自由。只要你为国家服务，无论你在国外还是在国内，都是欢迎的。

也就是在这个时候，我选择了去外经贸领域工作，也选择了当时实力和发展最好的中国化工进出口公司。当时中化公司是一个国务院批准的率先实行国际化经营的外贸企业，也是世界500强之一。基于自己的知识视野、外语加上在国外多年的经历，去那里在那个时候是一个比较好的选择。

子　楠： 在中化莫斯科工作了六年，这六年的时间肯定跟之前在莫斯科留学的四年时间感觉又不一样了。

周立群： 1998年亚洲金融危机使全世界的经济遭受了重大的打击，我们国家的外贸政策也做出了调整，人生的又一次机会摆在自己面前。那时候也在思考，自己将向何处发展？自己的定位在哪里？当时中化莫斯科也面临着撤销，我觉得自己还是留下来比较适合。苏联解体以后，到了1998年，它的市场已经完全市场化了，商机会更多一些，所以我选择在俄罗斯莫斯科自我创业发展。

子　楠： 我们在生活中会面临无数次的选择，每个不同节点的不同选择，都会深深影响之后的道路。"创业"这样一个词我们并不陌生，但海外创业相对还是比较少的，当时选择在海外创业有没有想过可能面临的风险？

周立群： 通过五六年在中化平台上的磨砺，我已经积累和建立了一些人脉关系，包括一些市场和资源，对这个领域的商品和整个链条也都比较熟悉了。所以当时留下来自我创业发展，既是自己创业发展的起点，又是在原有业务上的延续。我想，在自己熟悉的领域去发展和延续自己的业务，是比较合适的一种选择。

子　楠： 对您来说，海外创业其实是有自己的优势的。海外创业跟在国内创业相比，最大的不同或者说最大的挑战在什么地方？

周立群： 一个是要懂外语，还要熟悉当地的环境，这两点我都做到了。如果当时选择回国内再重新创业发展，那么尽管是同一个领域的工作，但又是一个不同的环境，很多资源关系和起点都需要重新去建立。也就从这里开始，埃佩克公司在石油、化肥和化工等其他资源性的业务领域已经做了起来，而且发展幅度的递增也是比较快的。

子　楠：后来埃佩克发展到了一个怎样的规模？

周立群：到 2010 年，埃佩克公司已经达到了上百人，除了在传统的资源领域从事进出口贸易，还在进行投资业务。截至 2010 年年底，埃佩克贸易额已经达到了 12 亿美元，员工达到数百人；同时在中国香港、新加坡也都设立了分公司，已经是按照一个跨国公司的模式在运转了。

为国家服务，这是人生新的开始

旁白：经过十多年的经营，埃佩克集团的贸易逐渐扩展到油品、化肥、橡胶、塑料、化工品和煤炭等各个领域，从原来简单的买进卖出，到现在的多领域贸易扩展，企业的发展取得了骄人的成绩，公司的运转井然有序。在一般人看来，周立群该放松一下，去享受生活了。但在 2010 年 11 月，周立群辞掉了埃佩克公司的一切职务，接受央企召唤，进入中国诚通集团公司。他说，以前是为自己创业，这次进入央企是为国家服务，为央企国际化服务，这是人生新的开始。

周立群：到 2010 年，埃佩克公司已经发展到一定的规模。那个时候我也在想，企业将向何处发展？自己的人生定位在哪里？而当时我们国家又相继出台了一系列吸引海外归国留学生的比较好的政策。在某一领域能够为国家做贡献，懂外语，有高学历，有国际视野的，可以被选聘到国企去工作。

　　也在这个情况下，我又一次思考自己未来的选择。经过了十多年的改革，我们国家的央企、国企已经得到了发展壮大，很多企业已经进入了世界 500 强。那么在国企的平台上，更有利于自己能力的发挥施展。

　　2010 年 10 月，我被选聘到国企工作。原来在自己企业里不能得到实现的，在国企央企的平台上能更大的程度地发挥优势。人生的意义在于自我价值的不断实现，既能为国家做贡献，又有自己的成就感。毅然投入到央企这个平台，这是自己的又一次选择。

　　子　楠：又一次的选择其实是出于更高的追求。能不能给我们具体地说一说，这样一个平台推动自己实现了哪些具体的事情？

　　周立群：我到国资委所辖的中国诚通集团工作，当时诚通集团在俄罗斯计划投资 3.5 亿美元，打造一个格林伍德贸易平台，就是现在的格林伍德贸易中心。而恰好这个项目比较适合自己，一个是自己懂外语，对俄罗斯的法规和政策都比较熟悉。所以到了诚通以后，自己接手的第一个项目就是打造俄罗斯格林伍德国际贸易中心。这个项目 2011 年正式开业，已经运作了两年多，确实发挥了中俄经贸平台的作用，拉动了中国的出口，树立了中国商品的形象。至今想到这个项目的过程，依然觉得自己到诚通来之后投入这个项目是一个正确的选择。

　　旁　白：周立群把自己的成功秘诀归结为一句话：在人生的每个阶段要做好应该做的事情，而且要看得长远些，他认为对一个企业家而言，创业要有坚忍不拔的毅力，立业要有远大的抱负，守业要有正确的经营理念。

十二届政协一次会议开幕式

得益于改革开放，受益于中俄友好

旁白：俄罗斯是周立群的第二故乡，对于中俄友好的深远意义，他比更多人都重视。周立群在长期从事经贸工作的同时，一直十分关注中俄政治关系的发展，积极地去做一些促进中俄友好的事情。他为曾任俄罗斯外交部长、政府总理的普里马科夫先生翻译并出版了其中文版回忆录——《走过政治雷区》，并邀请他前来中国出席中文版新书发布会。他也经常邀请俄罗斯的官员学者和企业家来华参观访问交流，希望他们能够更多地了解中国，共同促进中俄友好。

周立群：我常把俄罗斯比作我的第二故乡，人生最好的一段时光是在那里度过的。总结自己这段经历或者说事业上的成功，我归结为：得益于改革开放，受益于中俄友好。为什么这么讲？如果没有改革开放，我们就没有读大学的机会，也就不能到国外去留学。如果没有今天的中俄友好，当然我们也不会在留学毕业以后选择从事中俄贸易。饮水思源，我不能忘记这段留学和工作的经历，当然也会去回报于中俄友好。

俄罗斯是文化底蕴非常深厚的国家，托尔斯泰、高尔基、普希金，那么多文化底蕴深厚的文学作品也影响着我，让我的文化素质、个人修养都得到了熏陶和提高，令我受益终身。

子 楠：您是全国政协委员，同时又是海外留学归国人员。您觉得我们怎样才能更有效地留好和用好"海归"人才，为他们创造一个好的发展环境呢？

周立群：参政议政，建言献策，这是政协委员应该履行的职责。作为政协委员，责任重大，使命光荣。同时，作为海外留学归国人员，我深深地知道，海外留学人员的政策对一个国家的发展是非常重要的。目前，我们国家实施的吸引海外留学人员归国的一些政策，还有不够完善的地方。除了在自然科学、工程技术领域，还应该在人文科学、社会科学以及经贸领域都应该有更好的政策，吸引更多的人才回国，参与国家的经济发展建设。今年全国两会期间，我做了"关于进一步完善海外高层次人才引进工作"的提案，提出要完善和改进引进人才领域过窄的现象；要给海归人才更好的配套政策；要引进人才团队，同高校、科研单位进行合作，更好地带动科研和其他领域的发展。这个提案，得到了中组部人才局的积极回复，相应的建议，今后将会予以实施。

子 楠：责任重大，使命光荣，在社会活动方面您也是有很强烈的责任感和使命感。工科生出身，后来从事外经贸工作，业余生活还会写诗。您在平时工作之外到底是什么样的人，业余生活是怎样的？

周立群：其实和大家都一样，我的工作之外特别喜欢读书，写一些有关自己的回忆性的文章。随着年龄的增加，对自己过去的总结，我觉得也是在给自己积累财富。

子　楠：您能不能给我们推荐一本书？

周立群：一本是我翻译的普里马科夫的回忆录——《走过政治雷区》，从中可以更好地了解当今俄罗斯转型时期发生的一些事情。我还推荐大家多读一些企业改革和创业发展方面的书，比如《央企市营：宋志平的经营之道》，宋志平是中国建材企业的总经理，他引领中国建材企业从小到大，从弱到强，走向世界 500 强。这不仅仅是一个总结，而且贯穿了管理一个企业和企业发展的很多经历，希望企业家们多读读这样的书。

旁白：在周立群身上，没有事业成功的张扬和高调。儒雅沉稳的作风和不凡的创业历程，折射出一个企业家务实干练的风采。正如他希望的，他还将继续在央企这个广阔的平台上发挥作用，再续自己的事业新篇。他说，只有把个人的前途同祖国的发展联系在一起，人生才会更有意义。

易珉:"熬"其实是坚持,是百折不挠

人物简介

易珉,香港铁路中国业务首席执行官,欧美同学会 MBA 协会副会长、秘书长。曾任瑞士诺华制药中国区总裁,在英国石油公司和美国通用电气公司的在华和海外机构中担任高层领导职务,并一直致力于跨国公司和中国合作伙伴在战略高度发展公司在华业务。拥有美国哈佛商学院管理发展认证,以及英国阿什里奇管理学院工商管理硕士及中国社会科学院研究生院工业经济硕士等学位。

导读综述

在过去 20 多年里,他曾是英国石油公司中国公司的副总裁,曾加入美国通用电器公司,也担任过瑞士诺华制药中华区的总裁,现在他是香港铁路中国业务首席执行官。纵观他的职业轨迹,他所就职的四家公司都是世界 500 强企业,而且分别是所属行业的翘楚。他就是职业经理人——易珉。

一切阴差阳错的机会，既是偶然，也是必然

旁白： 作为跨国公司高管，易珉在媒体面前一直在介绍公司的成功经验，比如港铁模式的成功。那么他自己又是怎样成为一名成功的职业经理人？他又有怎样的人生哲学呢？

子　楠： 您之前是在诺华，是一家瑞士制药公司，现在到香港铁路，工作上发生了巨大的转变。在我们看来，隔行如隔山，要去做新的功课，适应新的课题，有没有觉得不适应？

易　珉： 当然很不适应。经过 20 多年在外企做高管，我的体会是，其实我做的是跟人打交道的工作，所有的公司都要人来从事业务。另外，我就职的这几家公司的轨迹，恰恰也是中国过去 30 年改革开放的轨迹。在改革开放的初期，我从事的是跟中国能源有关的英国石油公司的工作。那时候，中国的能源市场是在起飞的，所以第一个在跨国公司的工作我做了 18 年。

然后我移动到了制造业，美国 GE，通用电器，也是中国制造业转型的过程。当中国进入医疗改革关键时期的时候，我进入了一个医改最前沿的跨国公司里面。改革开放发展到 30 年的时候，我们忽然有一天意识到中国各个城市地铁、交通和所有这些出行方式都需要重新来思考和协调的时候，对我来讲，这是最好的时机。同时，我也相信我能用我的经验和知识来提供一些帮助。

子　楠： 您觉得这个轨迹是偶然，还是顺势而为？

易　珉： 中国人很讲缘分，我觉得它既是偶然，也是必然。偶然的是，可能恰恰命运这样选择。但必然的是，中国改革开放这 30 多年，

与主持人子楠合影

最需要的是解决人与人之间的理念、沟通以及在理念和沟通之后做一点事情。不管是跨国公司还是中国的公司，或者私营企业，在把一个理念变成可执行事实的过程当中，需要这方面的经验，需要有实际操作能力的人。

旁白：20世纪80年代，易珉大学毕业，第一份工作是在天津的一个研究院。那是被当时年轻人羡慕不已的工作，如果不出意外的话，易珉现在的头衔应该是资深工程师。但是当时的易珉，一边尽心尽力干着年轻人该干的事儿，搞搞办公室环境卫生，给老同事当助手，另一边拼命地学习英语。

现在看来，易珉当时所做的一切都是在为日后的工作做着准备。不过，当时的他却并不知道自己未来将要选择的道路。

子　楠：大学毕业有没有想过自己未来的职业规划会是什么样的？

易　珉：从来没想过，从学校毕业到化工研究院，我做的是自动化研究室的工程师。这其实跟我个人兴趣很有关系，我动手能力很强。

子　楠：那么按照这个职业轨迹走下去，您现在可能就是一个资深工程师？

易　珉：没错，所以我说时代造就人。中国改革开放这 30 年创造了无数个机会。

子　楠：您遇到怎样的选择？

易　珉：非常偶然的一个机会，甚至在当年都不可能称为一个机会。发改委的一个朋友跟我说有一个会让我去看看。简单说来，是一个中国工厂买了很现代化的机床，是个德国的数控机床。双方因为机床的某些功能发生争议。中方懂技术的人语言不行，语言好的人又不懂技术。

我当年恰恰在自学英语。整个会议两个小时，我一句话没说。但是会议结束之后，用现在的话来讲，我弱弱地说：第一，我觉得你们谈来谈去是在谈一个误差，以我对机械工程的了解，你们谈的不是同一件事。第二，你们有没有考虑到，是不是有一些开关没有打开，或者有些功能没有被激活？当然我当时的语言没有现在这么好，就在黑板上画了一张图。德方一个工程师就站起来说，没错。他们试完之后发现，机器好了，不用再仲裁了。后来阴差阳错地，我就进入了这个领域。

子　楠：让我很惊异的是，这么多年，这么小的一个故事，您每个细节都还记得很清楚。

易　珉：因为我觉得人与人之间最缺乏的就是沟通。如果在做战略决策的时候没有进行很好的沟通，经常会对整个形势产生误判。一个企业最麻烦的是对形势产生误判。

就这样，我进入了外企，从一个很低层的雇员做起，熬了 18 年，

易珉和阿什里奇的同学们

终于熬成了一个职业经理人的角色。很多从海外念书回来的人，觉得创业是种成功，或者独立做一项科研项目是成功。但是我个人觉得，在整个商业活动中，创造一个公司的难度固然很大，但更难的是把一个公司做成 10 年、50 年、上百年，甚至一直做下去。

如果要让我用一个字总结，那就是"熬"

子　楠：您觉得自己创业和做职业经理人，最大的区别在哪里？

易　珉：创业需要坚忍不拔的精神，能接受打击，能够在某一个时间段承受很大的痛苦。这样的人才能去创业，我当时认为我不太适合创业。

子　楠：是害怕失败吗？

易　珉：是。其实从客观来讲，人人都害怕失败，没有人愿意失败。但是人的意识是在进步的，人生之旅其实是一个了解外部世界，同时了解自己的过程。当初我把自己定位为不太适合创业。但是进入跨国公司之后，我把这个叫做守业。作为职业经理人，它是另外一种难。如果要让我用一个字总结，那就是"熬"。

子　楠：而这个"熬"背后，其实有一些更深层的东西。多年媳妇熬成婆，好像是一个顺理成章、顺其自然的过程，但实际上并不是？

易　珉：没错，"熬"这个词，不同的人会有不同的理解。比如说，当你作为一个外企的中国员工，跟一个异国人士用不同于母语的语言来进行深层交流的时候，你的挑战是非常大的。首先是你的语言掌控能力，还有理解上的冲撞。这些都是"熬"的一部分。

我曾经从事过一个很大规模的合资企业谈判工作，双方谈得水深火热，谁也不相让。纠结点在于一个条款，在商业上叫做仲裁条款，双方的律师吵得不可开交。英方的律师说，合资好像结婚，我希望先考虑如何跟你离婚。就是说，谈商务条款的时候，一定要把仲裁条款谈好，就是吵架以后怎么分家。中国的律师说，你们没有诚意，还没结婚就跟我谈离婚。但是双方又有成立这家合资公司的愿望，所以我夹在中间，实际上很难。就像刚才说的，一个公司的高层政策，包括它的战略决策，如何产生一些不必要的误区，这恰恰是我的工作。

子　楠："熬"这个字眼在谈话的过程中被您反复提及，熬的过程其实正是不断学习和成长领悟的过程。

易　珉：在跨国公司打工有很多的无奈和很多的尴尬，能够生存下来的人，我只能用一个字来概括，就是"熬"。"熬"这个字，其实是百折不挠、很有韧性的意思。无论你遇到什么样的障碍，受到什么样的打击，最后还能够站起来，这是很不容易的一件事。

179

旁白：熬，并不是煎熬，而是坚持、百折不挠，面对体力和脑力上的双重考验，依然能够坚持自己最初的梦想。

易　珉：有一次，一个记者问我，你们这些白领、金领，从事的真是非常高强度的智力工作。我说，你错了，我们是非常艰苦的体力工作者。为什么这么说？第一，你要承受得了足够的打击。第二，当你真的有一个梦想，要能够百折不挠地坚持下来。第三，当你进入一个商业活动当中，如果需要你一天吃10顿饭，你能够毫不犹豫地吃下去；或者说，要两天两夜不吃饭，你能够坚持下来，不晕倒。

很多人不理解我们是一个什么样的工作状态。外企里有一句话，像我这样的高管，三长两短，一般来讲做两年，长的三年。第一年你可以说情况还不是太了解，没有办法出业绩。第二年，如果你还说同样的话，别人就会画一个很大的问号：你到底能不能实现公司的既定目标？到了第三年，如果还是实现不了的话，就对不起了。我们每天的生活都如坐针毡。很多人只看到我们出差坐头等舱，住五星级酒店，穿得很光鲜，却没有看到我们面临人性最艰难的压力。可能我明明知道没办法达到业绩，但是我还得硬着头皮去做。

一个有品质的社会需要的是软件，需要管理

旁白：20世纪80年代末，易珉离开了研究所，进了当时还不太被人们看好的外企，没想到一干就是10年。易珉称这10年是他不断学习、不断收获、不断提高的10年。初入BP，他主要从事中英合资企业的研究谈判及筹建工作。此后他一边工作，一边完成了中国社会科学院工业经济硕士研究生学业。就学期间，他有机会去全面了解中国经济的

180

发展变化和中国各项经济政策。但跨国公司的工作使他不能局限于此，他想了解除此之外更多的东西，于是他又萌生了出国留学的念头。

子　楠：一个工科生，后来转行去外企，再后来为什么想要去国外读 MBA 呢？

易　珉：动这个念头的时候，我年龄已经不小了，在外企已经做到第 10 年。因为以我当年的观念，中国的发展不缺乏硬件，就是我们的学术和技术层面。但是一个有品质的社会需要的是软件，也就是需要管理。其实跨国公司的管理也有很多问题。作为一个在中国本土发展起来的外企高管，如果不去学习最先进的管理经验，那么我在这个方面会有缺失。

选学校的时候也很有意思，我可以有无数个机会选英国的名校，但是我最终选择了一个小众的学校，阿什里奇。它在英国北部，相当于一所贵族学校。英国的国家公司，或者很著名公司的高管，都喜欢去那所学校念管理学。

当时我是学校里第一个中国内地的学生。学校的评分制度是相对评分，不管你的分数有多高，全班 10% 会被筛掉。

子　楠：好坏都是相对的，不是绝对的。

易　珉：其实这是对非常血腥的商业竞争的小范围模拟。我在学习的这一年半时间里，压力非常大。当时，平均每天睡觉的时间是两点半。读 MBA 有一个最重要的环节，要参加社交活动。早晨跑步、打球这些事情你如果落后的话，这方面的评分也是很差的。所以连续一年多，我瘦了 10 多斤。最后全班 25 个学生中，一个法国学生和一个印度学生不幸没有通过。我能够幸存下来，也是不容易的。

我觉得自己可能有点"病"

子　楠：一开始谈到您的 MBA 教育背景的时候，我第一个想法就是，这肯定跟我们想象中留学生很苦的生活不一样。MBA 给人的感觉是成功人士去镀金的地方，或者说是纯粹提升自己。在那样的生活中，您遇到的最大困难是什么？

易　珉：最大的困难是理念的冲击。我经常说一句话：如果你是一个思维很正常的人，不要念 MBA。MBA 念好了，只有两个结果：一是整个人变得不正常；如果你依然正常，说明你没好好念。

子　楠：为什么这么说？

易　珉：其实管理学是把生活、工作当中的过程拆开了、揉碎了，用放大镜把每个细节都看好了。如果你念得好，你血液里流着恨不得想把每一件事情做对的冲动。有时候我就觉得自己可能有点病。比如说，我去一个餐馆吃饭，我会非常焦虑。我对服务生说：能不能请你把筷子拿过来。他来的时候只带一双筷子，不会再带一块餐巾。因为他对管理学不了解，他会来回走三趟：拿一次筷子，拿一次餐巾，拿一次盘子。如果是很优秀的管理人员看待这个问题的话，他会想如何来节省操作层面的浪费。这就是我纠结的地方。当你从事管理很多年的时候，用放大镜把生活拆开揉碎了看，你会发现，要么你不是一个好的管理者，要么别人就会说你可能有点毛病。

旁白：学成归来的易珉，少了几分锐气，多了一些儒雅。"做人"是易珉总结人生时强调的第一个关键词。他说大公司做人，小公司做事。这表现在以自己的道德规范、个人魅力为标榜，将优秀的人聚集在

在英国石油公司作副总裁时候的易珉

一起，同时还在于引导所在的公司做一个有社会责任感的企业。

子　楠：您一直在谈煎熬，让我觉得做一名职业经理人好像不是那么快乐的事情。

易　珉：其实你问任何一个企业家，他有快乐的时候吗？我只能说快乐和不快乐是参半的。企业家会面临很多纠结。上市公司要让所有人满意，让政府满意，让股民满意，让出资的股东满意，让员工满意，让社会满意。这本身就是很艰难的一件事。

183

子　楠：无论在什么行业，让所有人满意都是一件非常困难的事情。您怎么看待这种平衡？

易　珉：我的感悟是：小公司做事，大公司做人；低职位做事，高职位做人。一家有品质的公司，首先要有一群有品质的领导人。当我决定离开一家公司，与其说是找一个好公司，不如说找一个好老板，与其说找一个好待遇，不如说找一个好的团队。

子　楠：您觉得对于您的团队来说，您是一个好老板吗？

易　珉：每个人都有缺点，非常客观地说，我是一个相对比较人性的老板。

子　楠：不会那么苛刻？

易　珉：具备人性不是说不苛刻，我用三个"对"字总结什么叫人性，要用对的人，设计一个对的位置，让这个人做对的事。这三个"对"，只要有一个做不对，都会产生不同的结果。

子　楠：作为一个上司，要做的事情就是把对的人放到对的位置上去，让他做对的事？

易　珉：没错，另外做上司，他本身是要做对的事情，而不是把事情做对。比如说，我非常崇拜邓小平，他在几十年前就说过，我们要奔小康，把深圳作为开发区，要对外开放。在当年，没有人能想到这一点。从今天回看过去30年，我觉得他就是一个能够做对的事情的人。

子　楠：刚才您说道，觉得自己的职业并不受关注，其实也不是这样。最近几年我们看到很多文学作品、电影、电视剧，比如像《杜拉拉升职记》、《浮沉》等，里面塑造了一些职业经理人的形象。不知道您有没有看过，觉得跟自己的状态吻合吗？

易　珉：这些作品反映了一些状态，但有些地方也并没有反映出来，我们到底在人性上有多艰难。我跟你举个例子，恐怕这些作品里没有这样的场景：我参加了一个很重要项目的谈判，双方谈得很艰苦。我坚信这个项目谈成之后，对国家的建设和整个现代化的进程有足够的帮助。中方的一位谈判代表，开完会吃饭的时候，把半杯啤酒泼到我脸上，他说，你是卖国贼。当然，后来我们成了很好的朋友。但其实这种时候，我觉得很艰难。

子　楠：会纠结吗？

易　珉：我面临很多纠结。比如说，你是一个公司的高管，有些问题你想传达给董事会决策层。你说他明白吗？如果他明白，你为什么要说？如果他不明白，你觉得说了他就会明白么？所以我们有一句话，如果他们不懂，就不要再讲了。换一个角度说，如果他们懂，你为什么要讲？他比你还懂。

子　楠：为什么？

易　珉：对呀，你作为一个公司的高管，有没有理由再去重复说一个故事？但微妙的是，人的观念是可以被改变的。

曾经有一年，我在公司负责整个中国的战略发展。公司的 CEO 限我三天之内到伦敦开个会，告诉他公司在中国将来的发展战略。整整三天我没合眼，跟我的团队做出几十张幻灯片。我把材料带到伦敦，敲敲总裁的门进去。但是总裁眼睛都没翻一翻，只拿眼角瞥了我一眼。一看我带去这么厚一堆材料，他站起来就说了一句话：你滚出去！我完全不知道是怎么了。问他的助理，助理就笑了，说你不知道，他不是只对你这样。所有的公司高管进到他的房间，手里只能带一张纸，上面不能超过四点。如果谁超过了，老板第一句话肯定是让你滚出去。不好意思，我没告诉你，只是想让你体验一下这个老板有多凶。

我想了半天，觉得要发疯了。为什么？中国上下五千年文明史，你连中国是怎么回事都搞不懂，我怎么来跟你谈中国战略？但是如果我不跟他讲在中国的发展战略，确实会影响到中国这么多的员工、这么大的市场。我的责任也很重大。没办法，我只好硬着头皮进去，把三天三夜没睡觉准备的材料扔了，什么都没带。这回老板很诧异。我说我只有一点跟你讲，其实如果你想在中国做一个非常优秀的战略，你可以把竞争对手的拿过来，改一个 logo，就变成你的战略。因为有足够的人研究了很多年，你没有理由再去重新做一个战略。他说，这个想法有意思。我说，如果我是你，会去做竞争对手完全没有想到，也没有可能做的事情，这件事情促使你能够跟中国政府、跟中国的市场紧密结合在一起。

这由此引发了当年我做过的一个很重要的项目，中石化、中海油包括中石油在海外的上市。其实，一些大项目的背后确实有我的影响在里面。

我希望未来能当一个主持人

旁白：在经历了这些以后，易珉说，自己多了几分从容。要坚持，一旦认定就不放弃，要坚忍不拔，要有抗打击能力。

子　楠：现在这个阶段，您最大的梦想是什么？

易　珉：我记得北京奥运会开幕式上有这么一个场景：中国的历史打开是一幅画卷。我把中国改革开放 30 年也比作一幅画卷，我非常有幸能够在画卷里面画了一笔。

至于说以后的理想，我小时候很想做一个老师，以后想去做主持人。这个节目可能是如何设计自己的职业生涯，为年轻人解决一些困惑。

子　楠：如果您不是那么忙的话，这个梦想一定可以变成现实。

旁白：易珉依然还是那么忙碌，不知道他的主持人梦想何时能够实现，但可以肯定的是，他还将继续在中国大发展的画布上涂抹着属于自己的色彩。

高志凯：我一直在奔跑

人物简介

高志凯，20 世纪 80 年代曾担任邓小平等第二代党和国家领导人的英文翻译，参与了众多最高层次的国事活动和外事活动。1993 年，他毕业于耶鲁大学法学院，获法学博士学位后，曾担任中海油高级副总裁，也曾在中国外交部、联合国秘书处、香港证券与期货监察事务委员会等政府部门和国际组织工作，还曾在摩根士丹利、中金公司、香港电讯盈科、恒基兆业、大和证券等著名公司与机构担任要职。

目前，高志凯担任中国国际关系学会理事、中国企业投资协会常务理事、欧美同学会常务理事、民革北京市市委委员、民革中央社会与法制委员会委员、民革中央国际问题研究所主任、中欧联合投资有限公司副董事长和北京股权投资基金协会常务理事兼国际委员会主席。

导读综述

所有认识他的人都把他当做一个成功人士，想探究他成功的秘诀。可除了那一连串人生旅途的跳级之外，似乎真没有什么特别之处。再三追问，也不过只有以下这些耳熟能详的寻常词汇：勤奋，坚持，追求完美。

我在每一个历史时刻都遇到了非常难得的机会

旁白：有人说，高志凯是用跳级的方式完成了本科、硕士的读书过程。他15岁作为高一的学生成功考取大学，21岁就研究生毕业。毕业后，他被分配到外交部，给国家领导人邓小平等做翻译。5年后，他考取耶鲁大学，获得法学博士学位。之后不久，他担任摩根士丹利亚洲区副总裁，后又担任中金公司投资银行部总经理、中海油高级副总裁兼法律总顾问等重要职务。与此同时，业余时间他还兼职中央电视台国际频道评论员。事实上，对于这种职业的频繁变动，他自己的解释是：从积极的角度来说，这恰恰说明自己是一个时代的弄潮儿。

阳　燕：其实在采访您之前我有这样一种感觉：您像一本悬疑小说，线索很多，答案却很难找。所以我很想问，您是那种不太按常规出牌的人吗？

高志凯：应该说，我自己的发展经历，是赶上了中华民族非常波澜壮阔的一段，也就是改革开放的大好时期，因此我也非常有幸。不管是从一开始成为77级，也就是恢复高考后第一届的大学生，还是变成了研究生，还是之后进入外交部担任第二代党和国家的领导人的英文翻译，还是之后出国，又再回国继续工作等，我在每一个历史时刻都遇到了非常难得的机会。我觉得，我这一生所遇到的很多机会，可能很多人一辈子都很难遇到。所以从这个意义上来说，我觉得自己是一个幸运儿。

阳　燕：您觉得您是幸运的，但是机会往往是给有准备的人，为此您应该准备了很多。

高志凯：确实。我觉得，在当今社会要成功的话，首先必须练好自己的功夫，然后我觉得对我们来说，最关键的是要搞好学习，即便是拿到了最高的学位之后，也要每天勤奋学习。我觉得这是做任何一件工作成功的先决条件。

阳　燕：您之前有这样一段传奇的经历，您认为起决定性的因素是什么？为什么老在换？

高志凯：两个原因。一个是机会来了，另一个是我响应各种各样的号召。比如说，当年我在苏州大学上本科，有一个机会就是联合国在中国招募同声传译，在北京外国语学院搞了联合国训练班，这就是一个难得的机会。我们是 1981 年到北外读书，过了几十年，到今天，同声传译仍然是社会上非常好的一个职业。所以我觉得，在改革开放刚刚开始的时候就有了这样的一个机会，使得我后来能够进入外交系统工作，这都是有一定连贯性的。在我随后的工作当中，还有很多类似的例子，都表明了：一方面你要勤奋，要努力；另一方面，机会来了一定要抓住。

阳　燕：这些机会您抓得都特别是时候，而且通过您的讲述，我觉得在每一个特定的转换点，您都属于这个领域的稀缺人才。

高志凯：确实是这样。我觉得有一点，我不怎么患得患失。有些人有了一份工作以后，一方面他非常珍惜，另一方面他可能有一点患得患失。对我来说，我更多的是看前面的挑战，一旦有了挑战以后，我一般是义不容辞。举个例子来说，当年我在做投资银行的时候，突然之间香港证监会来找我，说要找一个人，这个人必须是在美国或者英国学过法律，在华尔街做过投资银行，内地人士。他们说，找来找去就找到你了，你不能推托，必须到香港证监会来工作，担任中国事务顾问。在这之前我根本没有想到会有这样的机会，但是一旦这个机会来了的时候，我觉得是非常吸引人的，而且是不二的选择。因为这种机会不是你能够追求得来的，而是在历史的那一瞬间涌现出的一个机会，你必须时刻准备着才有可能承担这个重任。

我们家三兄弟同时考取了 77 级大学生

旁白： 1977 年，正在读高一的 15 岁的高志凯，考取了苏州大学，这在学校和整个苏州传为佳话。1980 年，高志凯的班主任拿着北京外国语学院受联合国秘书处的委托招募同声传译的通知来到班上。这个通知改变了高志凯的人生路。对当时的他来说，进入北外意味着可以出国留学，可以在北外攻读研究生，或者可能到联合国总部去工作。经历了过关斩将的重重考试之后，他走进了北外。

阳　燕： 虽然我说您像一本悬疑小说，但我们还是尝试找出个头绪来。我们翻到最前面，好像在考大学的时候您就已经崭露头角，是高考状元。

高志凯： 状元其实不敢当。在邓小平的号召下，1977 年夏天国家就开始准备恢复高考了。当时我还在读高一，在我之前还有两届高中的同学。所以等到 77 届开始高考的时候，压根就没有我的份，因为我年龄还不够，我才 15 岁。但是我一定要高考，因为当时我家里还有两个哥哥，一个在农村插队，一个在工厂务工，都在积极地备考。机会来的时候，在那半年时间里面，我把高二和高三的两年四个学期的课全给补完了，在非常短的时间里等于是全身心地沉浸在复习功课里边。所以我觉得，机会来了以后，即便你没有充分的准备，你也可以想方设法地完成准备工作，挺身而出，接受挑战。我们家三个兄弟同时考取了 77 届

190

高志凯同耶鲁大学校长莱文教授、副校长劳丽玛女士在一起

大学生。

阳　燕：所以，您是那种即便自己面前有很多不确定性，您还是可以把这些不确定性一一消除掉的人。

高志凯：对我来说，生活本身就是不确定的，而且我很喜欢迎接各种各样的挑战。这也许是因为我有一定的自信，或者可能是因为我有良好的教育背景，我也有良好的工作背景，所以一般一些让别人望而生畏的挑战，我都有勇气迎接，而且我有把握，经过努力、经过刻苦，能够胜任这样的挑战。这就是为什么在我过去 20 多年的职业生涯中，一旦有一个合适的机会，不管是政府方面还是企业方面，或者是对中国来说一个全新的行业涌现出来的时候，我都有幸能够参与到这样波澜壮阔的改革和事业中去，而且能够从中得益，还能对社会做出一些微小的贡献。

我经常能想起站在伟人身边的这段经历

阳　燕：那么在北外毕业之后，您又去当了高级翻译。这是一段怎样传奇的跨越？

高志凯：北外毕业以后，按理说我们应该到联合国去担任国际职员，但是当时外交部非常缺合格的翻译人才。1983 年，我就到了外交部，进入了外交部的翻译室。当时的领导后来都是赫赫有名的，通过老一辈的权威、老一辈的专家、资深的外交家手把手地教，我觉得自己从他们身上汲取了很多的营养。这使我能够在非常短的时间里脱颖而出，成为（20 世纪）80 年代党和国家领导人的英文翻译。我非常有幸曾陪同小平同志参加过 20 多次会见外宾的活动，每一次都是令人难忘的经历，而且每一次都值得回忆终生。所以，我在随后几十年的工作和学习生涯中，经常能够想起站在伟人身边的这段经历，并从中得到勇气，得到启迪，而且能够把未来看得更加清楚。

阳　燕：那个时候的您年轻气盛，同时还有着一股锐气。我想在那样一个团队里，您的脱颖而出应该是有必然性的。

高志凯：我赶到好时候了。当时我们领导非常重视英语翻译的培养，因此给我们创造了大量的机会。只要你能够胜任，只要我们的服务对象——我们的服务对象都是部长、总理、总书记，如我们当时的领导人小平同志，像这样的服务对象——能够接受，那我们就能够担任这份工作。其实，这里边的挑选是非常严格的。

阳　燕：给我们讲讲这里边的细节。

高志凯：这里边的细节，我觉得非常有意思。因为你要真正地担任一个出色领导人的翻译，要具备很多的条件：你要有非常丰富的外交经验，也要有非常翔实的国际知识；你英文要好，中文也要好，而且还要非常得体；语言要非常出色，英语语调也要能够被认可；你要善于察言观色，在重大的外交场合还要有一个非常冷静的判断力。我觉得这些因素加在一起，才能够真正地胜任一个领导人的英文翻译工作。这是一个非常高的标准，我们每个人都可能达不到，但是我们每个人都必须不断地努力，试图达到这么高的标准。

阳　燕：领导人的翻译，在我们看来背后一定有很多精彩而神秘的故事。您能否尝试着为我们打开一两个您珍藏的故事？

高志凯：里边有很多有意思的事。举例来说，小平同志的四川口音非常重，在给他老人家担任翻译之前，必须先做大量的准备工作，听很多他的录音磁带，要熟悉他的口音。但是即便你做了最大的努力，由于他的四川话里边"十"和"四"几乎没有区别，所以他说"十"或者"四"的时候，单纯靠听，对我来说是难以分辨的。当时坐在他身后，我听完以后，必须把他的意思准确地用英语传递给外国领导人。因此，每次遇到他老人家说"四"或者"十"的时候，我一直都是非常得体地伸出四个指头问他一下，或者用左手和右手的食指交叉，做一个"十"字符号给他示意一下，请示一下到底是"四"还是"十"。他经常回头看我一下，然后大胆果断地伸出四个手指。我就知道毫无疑问，他说的是"四"而不是"十"。这样的例子非常多。

还有一次，就是当年小平同志会见美国的国防部长温伯格，他们谈得非常好。当时的中美关系，包括军事方面的合作都非常好。谈完以后，小平同志一直把温伯格国防部长送到福建厅的门口。在这一路上，他第一次，至少我是第一次听到小平同志用英文说了一个"Goodbye"。

高志凯在芝加哥大学校友会研讨会上发言

但是因为我当时高度集中，我又把小平同志说的英文"Goodbye"给他老人家翻译回来，用中文凑在他耳边说"再见"。翻译完以后，我就记得小平同志非常有意思地看了我一下，然后就哈哈大笑。这件事情栩栩如生，如同今天发生的事情一样。

阳　燕：时代在变，但是那种工作状态的熟悉感会经常让您觉得，那一段工作确实在您身上刻下了太深的烙印。

高志凯：确实是这样，而且我觉得这是一笔非常难能可贵的遗产。为什么？因为我后来到耶鲁，首先是攻读政治学的哲学博士学位，后来我获得的是法学博士学位。但是因为我有比较多的外交部工作经验，也在耶鲁大学攻读过国际关系军备控制和裁军等这一类的课程，所以我对于国际关系、我国的外交包括公共外交一直记忆犹新，一直牢记在心，而且不断地腾出时间参与到这方面的工作中来。比如现在，我经常到世界各地去演讲，最近我就到了欧洲、美国、亚洲等地做了大量演讲，参加了很多国际会议，不管是做主题发言人还是小组发言人，我每次都要谈到我们国内的情况。

所以，虽然我已经离开了外交部，但是某种意义上来说，仍然在宣传中国的真实情况、沟通中国和世界的联系、减少外国对中国的误解等方面，不断地做各种努力。有些外国朋友说我是中国非官方的发言人，因为我经常接受国外的主流媒体，比如说 CNN（Cable News Network，美国有线电视新闻网）、BBC（British Broadcasting Corporation，英国广播公司）、AP（Associated Press，美国联合通讯社）、路透社等媒体的各种各样的采访。一旦国内和国际上有重大事件，他们可能首先就会来跟我联系，只要能够安排出时间，我非常愿意接受他们的采访，从我的角度来反映中国的声音。这一点，我觉得是公共外交的一个非常重要的部分。

我们只有一股动力向前奔跑

阳　燕：您的起点是在外交部，但是之后您担任了很多不同的角色，也开始了人生一次又一次的跨越和转折。第一次的跳级是去了哪儿？

高志凯：我离开外交部之后，就顺理成章地到了联合国秘书处，担任了国际职员。但是，我很多年以来，一直希望自己能够完成一个博士学位，所以我很有幸能够到耶鲁大学读书。对我来说，让我非常好地了解到美国的宪法、美国的政治体制、美国的联邦和地方政府权力的分配、美国机制里的问题在哪里、美国整体历史发展过程……这对于我了解美国的情况，并且把存在的各种问题跟我们国内进行对比，形成一个更好的比较思维，有很大的帮助；对我以后很多方面的工作，不管是在华尔街当律师，还是到摩根士丹利做投资，还是后来我转行做私募股权基金，都有非常深刻的影响。

在美国有一句话，各行各业归根到底都是一个法律问题。法律是无所不在、无处不有的，所以你抓住法律这条主线的话，能够打开很多门。举例来说，我一开始在纽约做证券法律师，主要是给华尔街的投资银行像高盛、摩根士丹利、美林，当时还有所罗门这样的公司提供法律服务，帮助起草各种各样的证券文件。有一次摩根士丹利就说，你能不能从桌子的那一边跑到这一边，加入到我们投资银行这个领域来工作？

阳　燕：抛出橄榄枝了。

高志凯：是的。我当时没有任何犹豫，就走到了投资银行这一边。后来到了香港证监会做证券的监管，有更深刻的体会。不管在投资银行，还是在证券行业里边，最核心的因素我觉得最终都是法律问题，比如说后来美国的次贷危机，归根到底它都是一个法律问题。所以我觉得在耶鲁法学院能够获得法学博士，而且能够在华尔街做过证券法律师，给我以后在证券行业、监管行业等地方工作都留下了非常好的一笔遗产。

阳　燕：所以我在想，像您这样的履历真的很难复制，但是应该有人想从您身上去找一些可以学到的东西。您这样多角度地去进行一个工作的体验，是您自己设计的，还是机缘巧合？

高志凯：两者都有。举个例子，我这一辈子从来没想到我会成为一个石油工人，我也从来没有想到我会加入央企担任法律总顾问。当年，中海油收购优尼科是一个非常偶然的机会。他们在收购的过程中遇到一些很棘手的问题，公司高层认为我能够协助公司解决一些很具体的问题。当时，我在一家非常好的香港家族企业担任高管，但是考虑到中海油收购优尼科这个案例对中国石油工业的发展，对中国走出去、国际化的发展有重大的影响，我非常愿意来帮忙。从一开始的友情客串，到最后留下帮助公司重组它的董事会、重新建立它的内部管理的法律框架等，我觉得自己还是做了一些事情。

高志凯在接受外国媒体采访

当然了，我本来没有想到要到石油行业，也没有想到要到一个央企工作，很多人都很难理解我这样的选择。他们觉得留在国外的企业或者香港地区的家族企业，工资可能更高，而且有更大的灵活性。但是我认为，如果说能够帮助国内像中海油这样的企业去做，或者去完成一个重大收购的话，我愿意承担这样的成本，我愿意做出这样的选择。

阳　燕：所以其实在这些选择的背后，您有一种责任感。这种责任感好像从来都没有离开过您的内心深处。

高志凯：你说得很对。我觉得归纳来说的话，这种责任感在美国耶鲁法学院时，我们把它叫做公共服务。我当时到了耶鲁法学院，听我们的院长再三强调公共服务的时候，越听越像我们国内的"为人民服务"这个理念。实际上两者是有共同之处的。

阳　燕：我在想，未来您给自己设计了一个什么样的人生方向，或者说您会更关心什么样的事情？

高志凯：我觉得我们现在社会的四大趋势——工业化、现代化、城镇化和全球化，将继续伴随中国走完今后好几十年的路程。在我的有生之年，中国都会在这四大趋势中不断地向前奔跑。像我这样的人，由于我们的工作和学习的背景，每天都有干不完的事。我们没有时间去后悔，没有时间去犹豫，没有时间去回过头来整天举步不前。我们只有一股动力向前奔跑，尽快地实现我们的中国梦。

阳　燕：您这种向前奔跑的状态真的感染了我。相信很多朋友也从您的故事里获取了能量，开始加速，朝着自己的梦想奔跑。

郑荃：开创提琴制作的中国学派

人物简介

郑荃，中国提琴制作大师，中央音乐学院教授，第八届、第九届全国政协委员，第十届、第十一届全国人大常委，全国人大常委会教科文卫委员会委员，第三届、第四届欧美同学会常务副会长。曾在国际比赛中获奖 20 余项，获金奖 4 次。

1987 年，郑荃结束了在意大利的制琴学习后，回到中央音乐学院任教，被文化部和轻工业部联合授予中国提琴制作大师称号，他也是目前唯一被国际提琴制作协会授予国际提琴制作大师称号的中国人。回国任教后，郑荃重建了中央音乐学院提琴制作研究中心，开创了提琴制造的中国学派。

导读综述

小提琴音色优美，最接近人的声音，被称为乐器中的皇后。中国是小提琴生产大国，然而长久以来，中国制造的质量并不高。著名指挥大师小泽征尔在指挥了中国交响乐团之后曾经感叹道："中国有第一流的音乐家，但他们都使用着最末流的乐器。"几年之后，一位中国人让他们改变了这个看法，他就是世界提琴制作大师郑荃。郑荃用自己的人生升华了中国的提琴艺术，得到了世界的首肯。

我坚信，自己将来一定会是一个对国家有用的人才

旁白：郑荃出生于一个传统的知识分子家庭，父亲郑善忠、母亲徐明珊都是著名的化学工程师，在有机硅领域、农药制造领域、涂料领域都很有建树。父母崇尚知识，服务社会，有事业心，有社会责任感，这些都对郑荃产生了很深的影响。但在最开始，郑荃的生活和制琴并没有交集。

子　楠：您是出身于一个特别传统的知识分子家庭，之前也说过父母都是做制药的，小时候的愿望也曾经是想要成为一个工程师。但是后来好像工程师与小提琴、音乐和乐器制作差得很远。

郑　荃：也可以说不算太远。小时候很崇拜父母，觉得他们对国家做了很大的贡献，所以自己的人生是以他们为楷模的。

我想模仿父母搞研究，但是后来因为"文化大革命"给打断了。"文化大革命"时我正好上初三，毕业以后要插队落户。我们家三个孩子，在短短的半年里都走了。虽然在农村，但是我相信天生我材必有用，我将来一定会是一个对国家有用的人才，这种教育是根植在灵魂深处的。所以一直到插队落户，我也觉得要好好劳动，最后能够得到贫下中农的推荐，进大学去学习。

子　楠：一直没有放弃要成为一个有用的人这样的想法。

郑　荃：对，所以一直非常努力地干活。插秧的时候，他们每个人

是插六棵以后往后退，他们说你们这种小青年不行，你们就插四棵吧，跟着一起走。我说那不行，你们插六棵，我也要插六棵。

子　楠：可以看得出来，您是一个对自己很有要求的人，各个方面都要去做好。因为我自己也是知青的子女，在我的印象里面，知青的生活就是每天跟这些完全不会干的事情做斗争。每天在为自己挣不到工分而发愁。怎么后来又和音乐扯上关系了？

郑　荃：那时候进大学门槛的年龄是 25 岁，之前我已经两次被推荐去当工农兵大学生，但是都给刷了下来。所以，到了 25 岁以后，我就觉得事情比较麻烦了。在农村不能实现自己的抱负，以前作为兴趣学过小提琴，于是就把小提琴捡了起来，到文工团去工作。但是考了很多文工团，他用你，但是不想调你。

子　楠：还是成分不好吗？

郑　荃：还是成分不好，考了七八个文工团，最后到安徽池州的时候，刚刚新成立文工团，需要小提琴手，就破例要我了。工作很胜任，那时候我还是乐团的副首席。在适应工作以后，方方面面的事我都做，还做道具。

子　楠：动手能力很强。

郑　荃：可能也是根深蒂固的东西，后来就琢磨到乐器上面来了。当时的琴都属于高级提琴，营口乐器厂出的，七八百块钱的，最好的是一千块钱。演出之前要把声音调好，什么地方裂了要修补一下，不但是小提琴，小中大提琴、管乐，能琢磨的事情全去琢磨。

子　楠：我发现不管是在下乡插队的时候，还是后来在文工团的时候，您扮演的都是一个多面手的角色。

郑　荃：是，因为我兴趣一直很广泛。乐器我还学了三弦。那时候年纪也轻，觉得什么事情都很有意思。

与制琴结缘，走入中国人从未进入的那片天地

旁白：1978 年，郑荃被池州地区文工团派送到北京乐器研究所学习，师从制作大师戴洪祥，这是他事业上第一个重要的转折。在两年的学习临近结束的时候，戴洪祥、林耀基等老师将他推荐给了中央音乐学院院长赵沨，希望将郑荃调入中央音乐学院任教。

郑　荃：当时，中央音乐学院的院长赵沨是一个非常爱才的人，他一直觉得在中央音乐学院应该有提琴制作部门。但是当年进京落户谈何容易，人事调动太难了。当时音乐学院的教务处主任非常有魄力，他说我们招生，招你进来以后，毕业留校。那时我已经快 30 岁了。我很感动，觉得欠中央音乐学院很多。管弦系的小提琴老师对我都非常好，寄希望于我。

旁白：郑荃认为，艺术的学习需要博采众长，吸收各个学派、各位名师的长处。在向戴洪祥老师学习几年以后，郑荃就有了一个新的想法，要拜遍全国的名师。为此，他先后去了上海音乐学院、广州乐器研究所、广州提琴厂等全国著名的提琴制作单位，向谭抒真等名师学习，这使他在提琴制作方面的水平和技巧有了很大的提高。郑荃并没有满足于赞扬和成就，为了进一步提高制琴水平，他开始寻找去国外求学的机会。1983 年，郑荃通过不懈努力，得到了去小提琴的发源地——意大利的克雷莫纳学习的机会。

郑　荃：在全国学习这个阶段过去以后，下一步目标就是要走出中

比赛获奖

国这个圈子，要走到国际舞台上去，跟更高的老师学习。

子　楠：这也就是您对自己不断要求的结果了。

郑　荃：是，我老是想，一个人很重要的事情是不断地设计自己奋斗的目标，这个目标有长远的，但是也有阶段性的。就像爬山一样，爬过一个山头又一个山头。我当时就是要把琴做好，要出国去学习，要在国际比赛上拿金奖。

子　楠：之前完全不懂意大利语。

郑　荃：完全不懂，就学了三个月，自己请私人老师又上了两个月，就单枪匹马杀到意大利去了。那个学校是全世界最重要的提琴学校，但是从来没有中国人去过，我是第一个。去的时候，我是学校里年龄最大的，33岁去念一个中专。意大利孩子是14岁开始进学校，但是外国人是不受年龄限制的，所以各种年龄的人都有。而且大多数是白丁，而我当时已经做了将近五年的琴。

子　楠：大多数的学生是没有小提琴制作基础的。他们是去学技术。

郑　荃：对。我去以后，校长看我做的琴说，你在技术方面没有东西可学了，你已经可以毕业了。但是，作为中国的制作家，你要了解意大利人是怎么想的，怎么生活的，你要学习意大利的文化，因为提琴制作是意大利文化的一个部分，你应该多出去看看教堂的建筑，看看教堂的雕塑、壁画，最后你才会理解什么是提琴。

所以我在意大利待了五年以后，有人问我最大的收获是什么，我说提琴制作是一门艺术，而不仅仅是技术。

子　楠：其实这也是刚才我想问的问题，您之前的技术已经很好了，在意大利的最大收获，其实就是对于小提琴更多文化方面、内涵方面的理解。

郑　荃：对。出国以后我非常能吃苦，我的语言比别人差，但是我有信心能够赶上去，以那种拼的精神。

毕业的时候，我的成绩是全校最高的，而且在中间还跳了一级。经济上也翻身了，因为我可以做琴，可以卖琴，别的学生还做不出琴来呢。社会地位也非常高，我在意大利拿了很多奖，甚至金奖。

在克雷莫纳有一个音乐厅，是一层一层的包厢。我到了意大利以后，学校提供给学生的奖励是可以坐在剧院的顶上面，坐在长板凳上听音乐会。

我学习成绩很好，所以就有机会坐在最顶上听。五年以后，等我离开意大利的时候，我的位置从最顶上一直降下来，到正中市长的包厢，市长请我到他的包厢去听音乐会，这说明了我在意大利的地位。

子　楠：楼层虽然降了，但是意义不一样。

郑　荃：得到了承认。从一个谁都不知道的，很穷的学生。

子　楠：得到市长的承认，真的是不容易，虽然您说得很轻松，说很多困难都不算什么。您也参加过特别多的比赛，在欧洲当时有一种说法，说您的手是一双金手，可能之前他们想象不出中国人可以做出这么好的小提琴。当时您去参加这么多的比赛，为的是什么？是因为同学们都去参加，还是您觉得自己要有一种追求，一种认可？

郑　荃：参加比赛有两个目的。一个就是你说的，要得到承认。第二个就是你可以看到很多别人的作品。第一次去比赛的时候没有获奖。自己很伤心，拿着琴去找评委，请他们提提意见，实际上心里很不服气。

子　楠：觉得没获奖并不是因为技不如人。

郑　荃：自己觉得因为是中国琴，中国人，他们看不起我。现在反过来看，当时技巧确实是不错，但是风格方面跟意大利的风格还是有相当距离的。当时有一位鉴定家，是意大利的大权威，他给我写了一个鉴定，说我今天看到的中国郑荃制作的提琴，不差于任何意大利现在制琴家的作品。

子　楠：那是很高的评价。

郑　荃：对，我到现在还保存着这封信，这给我很大的鼓励。所以我就继续努力，用了整整一年时间，做了五把琴，挑了两把去参加意大利最大的比赛，拿了第五名和第六名，那是我第一次在国际比赛中获奖，大家都看好我。

子　楠：当时您一年大概做多少把琴？

郑　荃：我差不多一个月一把。

子　楠：这是比较正常的一个产量吗？

郑　荃：那是很拼很拼的，因为正常的制作家，如果什么事都没有，可以一个月做一把，但是我在学校要上所有的课，而且同时上的是两个学校，白天上一个提琴制作学校的课，晚上上一个做琴弓的夜校。因为我知道中国的琴弓没有人系统学习过，一般做琴的不做弓，做弓的不做琴。

子　楠：而您既做琴又做弓。

郑　荃：对，这是很少的，全世界都很少。在这个基础上，每个月能够保持做出一把琴来，当时大概晚上也就睡四五个小时，每天都是这样。

子　楠：在我们印象里，意大利人的生活是特别闲适的，结果您还是这么拼。

郑　荃：所以我的意大利朋友就周末来抓我出去玩。他们的理论是：上帝说的，星期天干的工作不是工作。有过一次印象非常深的，我自己在做琴，做比赛琴。正好圣诞夜当天做完，后来我就给这个琴取了个名字，叫"那达利"，就是意大利语的圣诞，我自己感觉还是拼得挺苦的，在圣诞夜还在做琴，所以这也是对自己努力的一个小小纪念吧。

旁白：1986 年，郑荃毕业于意大利克雷莫纳国际提琴制作学校，1987 年又毕业于意大利帕尔玛比奥帝音乐学院提琴修造系。1987 年，他获得了意大利第一届全国提琴制作比赛小提琴金奖；同年，在保加利亚国际中小提琴制作比赛中获小提琴、中提琴两枚金牌。至此，郑荃开始受到国际制琴业的关注，他的老师莫拉西教授称郑荃是中国的骄傲，也是意大利的骄傲。

名满欧洲，我选择回国，要做出中国人自己的名琴

旁白：没有提琴，我们不知道音乐是什么样子；没有郑荃，我们也不知道中国提琴制造业是什么样子。郑荃用自己的人生升华了中国的提琴艺术，得到了世界的首肯。

在意大利的那段日子里，郑荃学习勤奋用功，收获了荣誉，同时也

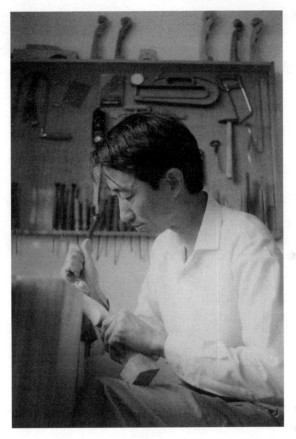

在做琴

收获了友情。克雷莫纳已经把郑荃看成他们中的一员，他的瘦弱，他的不太流利的意大利语，他的刻苦精神，他靠游泳去蹭澡的窘迫，他在保加利亚一次获得七枚奖牌的传奇，都成为体现这座城市艺术精神与人文价值的一部分。当他们知道郑荃要回国的消息时，当地的报纸登出了这样的新闻标题："克雷莫纳最好的那位提琴制作大师要回中国去了。"

郑　荃：1988 年，等我要从意大利回国的时候，三四个合唱团唱诗班集中在一个教堂里面，为我开了一场音乐会，三百多人。在音乐会上，我的老师送了一把他做的琴给我。他是乐队指挥，也会弹管风琴，我们合作了一首曲子，好多人都哭了。报纸上、电视台都说，郑荃要回国了。五年时间说长也长，说短也短，我回国已经有好几个五年了，但是那段时间觉得自己收获非常大。

子　楠：生命中特别难忘的五年。

郑　荃：而且上升得非常快，进步得非常快。

旁白： 2005 年 12 月 5 日，为表彰郑荃为意大利与中国的文化交流和友好关系所做出的杰出贡献，时任意大利驻华大使孟凯帝在意大利驻华使馆举行隆重仪式，代表意大利总统授予郑荃意大利仁惠之星荣誉和爵士勋章。

提琴制作是一门艺术，提琴本身也是一件艺术品，所以它才具有商业与艺术的双重魅力。郑荃不但自己醉心于这门艺术，更希望能为中国培养出新一代的艺术提琴制作人才。

1988 年，当 38 岁的郑荃回国，拿到中国第一笔资助留学生归国创业资金的时候，他的梦想就是尽快地将自己在意大利学到的最先进的提琴制造理论和技法利用起来，进而创造出一个中国的提琴制作流派。

郑　荃：我毕业了以后，中国驻意大利使馆的教育参赞，专门从罗马开车到克雷莫纳来看我。他问我说，你学习这个技术以后，回国有什么打算？我说，中国就我一个人会做琴不行啊，得办学校，我得把我学的东西教给别人。他说，你想得很好，那你办学校有什么条件呢？我就顺口说了一句，至少要五万美金，结果他回来以后就把这个情况写了内参，一直报到高层。教育部是朱开轩副部长在主管这个事，他一看这个情况，第一笔给留学人员启动的经费就给了我。过了一个月时间，大使馆打电话说，五万美金已经到大使馆了，这让我觉得太感动了。

中央音乐学院专门研究了我回国安置问题，来信说你回来我们准备安排你当副研究员，升三级，工资升五级，170块钱。

子　楠：那很多了。

郑　荃：很多。学校说，给你三居室的房子，最后一条是最有意思的，给你安一部程控电话。整个中央音乐学院都是总机电话，只有四部程控电话，安一部程控电话是5000块钱安装费，便于你跟国外保持联系。你还有什么条件？我说我要跟国际上保持密切联系，一年要两次出国参加国际会议和国际比赛。学校说没问题，一定安排。

回国的时候我就觉得大家在等着我，是挺高兴的。

子　楠：像西游记里面唐僧取经一样，经历了千辛万苦，取到了真经，回来要把它发扬光大。

郑　荃：对，是这样的。回来的时候还有报道说我是当代玄奘，这是我个人的价值观。不是说我要成为全世界第一个就完了，还要把中国的提琴制作搞上去。

很多外国的制作家和演奏家都非常羡慕我，特别是意大利人，他们说，提琴制作是意大利的东西，怎么到你们中国就进了音乐学院了？我们应该做的事情，你们怎么就做到了？到现在为止，他们音乐学院里还没有提琴制作系。我们全国已经有六所音乐学院开设提琴制作这个专业了。

旁白：生活如造琴，就就业业者方能为之。多年来，中央音乐学院的提琴制作专业保持了这种前瞻性，形成了自己的特点。

升华了中国的提琴艺术，得到了世界的首肯

子　楠：之前，中国小提琴制作的水平很差，走的是量，就跟很多

中国制造的东西一样，没有世界顶级的质量。您在欧洲的时候也参加过很多小提琴比赛，当时有人就说，代表一个国家小提琴制作水平的就要看它举办的比赛，之前中国是没有小提琴制作比赛的，也是从您开创的。

郑 荃：对，这是件里程碑式的事情。因为中国开始是做工厂琴，便宜，我回国以后培养了一些做手工琴的人。除我之外，还有很多中国人在各个国家的各级比赛中获了奖。我们中国制琴人一直在呼吁能不能举办国际比赛。

最后，在2009年，有一次我晚上想这个事情想得睡不着觉，我想组织这个比赛，到处碰壁，人家都不知道你是干吗的。后来我就突然明白，这事情我们得自己办，所以我就给全国做琴的理事们发了一封信，说我们要靠自己的力量来办国际比赛。结果大家就都凑钱，我带头，出了10万块钱。大家有钱出钱，有力出力，有的出1000块钱、2000块钱。

子 楠：在靠捐款的情况下办起来的。

郑 荃：对，我一辈子做事情非常谨慎，这件事是我做得最冒险的事。因为没有钱我就提出来要办比赛。最后办得非常好，世界影响非常大，而且比赛结果大家都能接受。小提琴的金奖是20万元奖金，获奖者是德国国立提琴制作学校的一个老师；第二名是中国人；第三名是一个在意大利定居的韩国人。过了两个礼拜以后，这个韩国人在德国国际比赛中又拿了金奖。那说明了我们这个比赛的水准相当高。

而且，我们中国人在这次比赛中拿了70%的奖牌，提升了制琴人的信心。2013年9月，我们举办了第二届国际比赛。

子 楠：也就是说，通过您的个人努力，全社会对于小提琴制作有了一个新的认识，他们重视起来了。

郑 荃：是，我们是全世界最大的提琴制作生产国，也是最大的提琴消费国。中国经济发展了以后，每个人都想买好琴。我刚回国的时候，我的琴值人家两三年的工资，谁都买不起，但是现在很多人都能买得起。全世界都看好中国市场，所有卖琴的人都想到中国来推销他的琴。

郑荃和他的琴

旁白：这位大师的周围没有喧哗、热闹的新闻，没有频频出镜，没有知名度，也没入什么排行榜，甚至他要招到会拉提琴又会做木工活的学生都很困难。但是郑荃依然在努力，不仅希望提升中国的提琴制作水平，还希望能够对社会有更大的贡献。

子　楠：办这样一个比赛，包括您之前想要开设这样的专业，教更多的学生，都是出于一种天然的使命感吧？

郑　荃：是，我还做了很多事。比如说成立了中国提琴制作家协会，我当了10年会长。我觉得这对整个行业是一种推动，还能够推动音乐的发展，整个文化的发展。我们是从一个很小的门类，从一个角落里来推动这个事，但是我觉得对整个社会文化的发展尽了我们一份力量。

子　楠：相比于那些音乐家来说，小提琴制作更像是站在音乐背后的人，显得更为低调，即便您是这样低调的一个人，但依然还是承担了很多社会工作。

郑　荃：主要是因为留学生的身份吧，我刚回国的时候，有很多机会表彰回国的留学生，由此认识了很多留学生圈子的人，很多是出类拔萃的。比如现在的中科院院长白春礼、广西的陈章良。当时欧美同学会的会员都是解放初期回来的，缺少年轻人。当时的会长卢嘉锡也是中科院院长，就找了陈章良，请他出面组织青年委员会，他们就拉我进去。由此我就介入了中国的社会工作，我们办了21世纪论坛、报国基地，组织了很多活动，确确实实地增加了国外留学生对中国的留学政策的理解，而且帮了很多留学生的忙。他们回国创业的时候有很多实际困难，比如老婆落不了户口、找不到房子。

子　楠：都是很实际的事情。

郑　荃：对，后来我又到全国政协当了两届委员，后来到了人大。我觉得我们这一代知识分子除了自己搞好创业之外，还有很多的社会责任。我在人大常委会教科文卫教育组和文化组工作了10年，像我这个级别的人是代表老百姓，但我们是从社会最基层的角度来反映社会最基层的问题。在我国《义务教育法》立法过程中，我提出来的是，农村义务教育的主要问题是经费，城市教育的主要问题当时是乱收费。

子　楠：都是跟钱有关的。

郑　荃：乱收费，后来经过实际的努力，解决得很好。比如在文化方面，我是非物质文化遗产立法的发起人。不仅要通过专业报国，还要积极参加社会活动，通过社会活动报国。目的是体现人生的价值，殊途同归。

我现在最大的愿望还是做好琴

旁白：郑荃说自己是个很内向的人，但是说起提琴，说起自己的教育事业，从他眉宇间绽放的光芒，能够明显感觉到他的热情。郑荃说，做了近30年的琴，他依然有梦想。

子　楠：我觉得可能是个巧合吧，您的名字的缩写——ZQ，同时也是制琴、做琴，都是同样的两个字母。如果说过去您最大的愿望是要做好琴，那现在您最大的心愿是什么？

郑　荃：我现在最大的愿望还是做好琴。因为我现在从社会活动中能够退出来一点，将来也会从教学活动中逐步退出来。我回到自己的原点，还是希望能够有更多的时间和精力搞创作，能够在有生之年留给大家更多的乐器。乐器的寿命要比我长得多，没准300年以后它还在使用，还在开音乐会，这能体现我人生的价值。

旁白：郑荃为人谦和低调，在提琴制作研究中心的大门旁，他请人写了四个大字，"不苟一丝"，他说这是告诉自己，也是提醒所有制琴专业的师生，做琴和做人一样，都要一丝不苟，永无止境地追求更高的艺术境界。

莫华伦：最爱歌剧

人物简介

莫华伦，著名男高音歌唱家，被称为"华人第一男高音"、"中国的帕瓦罗蒂"。他曾是世界上第一个登上最负盛名的伦敦歌剧院的华人，是世界歌剧舞台上能够和西方歌唱家同台竞技的、为数不多的中国男高音歌唱家，是德国柏林歌剧院首席男高音。他拥有一副优美特殊的戏剧性抒情男高音歌喉，能演唱的角色超过 50 个。他英俊洒脱，气质非凡，风格独具，演出的足迹遍及世界各地，并且有着极强的开拓性和创造力。

导读综述

他用非同寻常的刻苦和努力，站上了一个最为挑剔的舞台。华丽舞台的背后，他也曾孤单。现在他无所畏惧，只为传递最美的音乐。

歌剧是一种瘾

旁白：莫华伦出生于北京，七岁时随父母迁居中国香港，而后移居美国。他先后毕业于美国夏威夷大学音乐系和曼哈顿音乐学院，现任香港歌剧院艺术总监。莫华伦对于歌剧，简直可以说是到了痴迷的地步。虽然从医的父亲是小提琴能手，很喜欢古典音乐，但真正令他对歌剧如痴如醉的，却是一次在夏威夷听歌剧的经历。

阳　燕：莫老师的精神状态看上去特别好。

莫华伦：谢谢！

阳　燕：您会把每一个地方，就是面对听众的地方，当成您的舞台吗？

莫华伦：当然了。因为在收音机旁边的听众，他们不管在做什么事，开车也好，在家休息也好，能听到。特别是开长途车的时候，听收音机是最好的享受。因为有很多资讯，包括音乐，像你们的节目等。

阳　燕：谢谢！您会在车里听自己的歌吗？

莫华伦：偶尔也会，不是经常，因为经常听自己的歌会腻的。要听听人家唱的歌，而且我听的不光是古典的，很多方面的歌我都听，流行的，民族的。反正好歌我都听，好的音乐是不分界限的。

阳　燕：怎么界定这个好音乐呢？

莫华伦：我自己喜欢。不管是什么音乐，每个人的欣赏角度不一样，不要受其他人的引诱。比方说一首歌，一般媒体如报纸或者电视台每天说这首歌多好，这首歌本来是很差的，老是听也变好了，这很怪的。相反，有一首很好的歌，别人说怎么不好怎么不好，媒体不放也不

莫华伦近照

播，觉得就不好了。这是一种媒体的介入，下意识地引导你。我觉得一首歌好不好，不要听人家评议，你听了再下结论。所有的音乐并不是本来就有的，民族音乐也好，西方音乐也好，都是人把它创造出来的。当然了，有一些原生态的歌曲不知道怎么来的，这个要做做研究了，民间传来的，那是更伟大的。

阳　燕：哪种音乐您更喜欢？

莫华伦：我都喜欢，但我还是最喜欢歌剧，因为我是搞这行的。不同类型的音乐我也喜欢，特别是开车的时候最喜欢转台，这个听完了换摇滚音乐，就看当时的情绪，音乐跟一个人的心情是非常有关系的。你晚上要睡觉的时候，听摇滚音乐怎么睡得着，要很安静的音乐；早晨起来是比较快乐的、活泼的，要把整天的精神状态弄好；差不多傍晚的时候，听歌剧、喝杯红酒多好，都是看你的情绪。

阳　燕：我没想到，莫老师会把音乐如此地跟生活贴切起来，甚至切入了生活的每一个部分，每一个细节。

莫华伦：是的。因为音乐是人写出来的，音乐是为人服务的。人是脱不开音乐的，不管什么国家、什么民族，都有自己的音乐。西方歌剧就是几百年的历史，比起我们的昆曲晚多了。我们的昆曲有近千年的历史，它才四五百年的历史。那为什么歌剧能流传到全世界呢？因为歌剧现在已经变成了一个国际的表演艺术，不属于任何的国家，不可以说歌剧是意大利专有的，或者说德国和法国等专有的。在每一个发达国家，或者说发展中国家，都有歌剧院。我们中国是很强的发展中国家，现在有很好的国家大剧院。国家大剧院现在可以说是世界著名的歌剧院了，才开了六年时间。为什么我们也有歌剧院呢？就是因为现在全球化了，我们要跟世界看齐了，这也是表现我们国家的文化实力非常强的一个信号。

阳　燕：软实力的提升。

莫华伦：对了。当然，每一个民族都有自己民族的音乐，我们有京剧，有很多民族歌曲，这是我们的财富。但是每一个国家，除了保持自己的东西之外，有些音乐形式是可以互通的。打一个比方吧，唱《卡门》唱的都是法文，在中国唱法文，在韩国也唱法文，在意大利也唱法文，在德国也唱法文。因为这个歌剧本来就是法文的，要非常原汁原味地唱。故事大家明白，很简单的故事，三句话就可以表达：一个士兵唐何塞爱上卡门，卡门是烟厂女工，两个人好了，但是卡门是很花的，后来不要他了，爱上了那个斗牛士，后来唐何塞就吃醋把她杀死了。很简单的一个爱情故事。歌剧其实一点都不复杂，但普及歌剧的道路其实很艰难。所以，大家不要把歌剧想得有多么高。

阳　燕：这也体现了歌剧的一个魅力，通过声音会展现很多的东西。

莫华伦：是的。西洋歌剧同我们的京剧和昆曲一样，就是用人声，用唱的声音，把一个剧情表现出来；通过舞台上的舞美、化妆来表现故事。要说"吃饭了吗"，话剧是直接用讲话，歌剧说"你吃饭了吗"是要唱出来的。

阳　燕：难度更大。

莫华伦：但是有音乐、有乐队在那伴奏，我觉得非常过瘾。

阳　燕：有的时候，当您扎进去唱一个角色的时候，会不会有一点走不出来，就是在那一时间您就是那个人。

莫华伦：在舞台上那两小时，在那一时间走不出来，是正常的。但完了以后要回来才行。比如说《艺术家的生涯》，也叫《波希米亚人》，普契尼的曲子，这是我第一次看的歌剧。想当年是在夏威夷，那个时候我还没学唱歌剧，就是因为看了这部歌剧，我就彻底爱上了歌剧。为什么这个歌剧深深打动了我？第一，先不要说故事的内容了，就是人声，在一个歌剧院，一个2000多人的剧院里面，完全不用麦克风。当时我被震住了。我问：他们的声音怎么那么大？那个麦克风怎么那么好？听着怎么那么好听？后来才知道根本没有麦克风，就是用人声。看完了之后觉得，歌剧原来那么能打动人心，再加上普契尼的音乐是多么优美，普契尼的作品是比较真实主义的，非常棒。

我曾是帕瓦罗蒂的替身

阳　燕：那次听完歌剧后，您就下定决心要学歌剧。

莫华伦：是的，因为实在被它震撼了。当时我在夏威夷，唱给夏威夷一个教授听了之后，他说你的声音太棒了，你不学可惜了，我给你全部奖学金。因为我父母都是医生，最想我做的就是继承他们的医学事业，但是我偏偏对医学一点兴趣都没有。你知道，在西方社会，在美国，唱歌剧一般人觉得，是找不到饭吃的，对不对？所以当时我父母也说，你两手准备吧。学音乐、学美声可以，但是同时你也学学会计，好找工作。所以，我当时还真的上了会计课，但是我对于会计，第一，没有兴趣；第二，可能我数学不是特别棒，怎么都算不来什么借钱还钱的，搞得我很烦。学了半学期后，连那个老师都说，我觉得这方面不适合你，意思就是你还是不要再学了，学下去绝对不及格。我听他这么说太高兴了，正合我意，于是就专注地学音乐了。

当时，我在夏威夷拿了学士学位。大家知道夏威夷是跳草裙舞，欣赏大自然的海滩，在那里发展歌剧是不可能的事，根本找不到工作的。我就觉得一定要去专业的地方再学学，就去了纽约的曼哈顿音乐学院，在那里才真正地学到真功夫，拿到了硕士学位。

阳　燕：您是那种目标很清晰的人。

莫华伦：是的。我记得做学生的时候，经常去大都会。后来我找了一份临时工，去大都会小卖部卖东西，卖 CD，卖那些小礼物、小礼品。为什么去做呢？第一，赚一点小钱当外快；第二，主要的目的就是，因为我是那里的员工，进去看任何歌剧不用花一分钱。我就白天上班，晚上看歌剧，看了无数部歌剧，一分钱不花。印象最深的是看多明戈他们演出，那时正是他们最当红的时候，他们都是 40 多岁、声音最漂亮的时候，我看了全部现场。剧院有一个大饭堂，我去吃饭，他们就在隔壁的桌子，但那个时候可能比较害羞，就没过去跟他们照相，一张照片都没有。到不久前他来北京，我们一起演出，我才去跟他照的，他都快70 了。

剧照——罗密欧

阳　燕：有没有一种时空穿越感？

莫华伦：有。那时候虽然跟他们坐得很近，但是感觉他们是高高在上的，他们是伟大的歌唱家，是我的目标。当时，我最大的偶像就是帕瓦罗蒂，因为他的歌唱技巧实在是完美。我第一次听他是1980年的时候，在夏威夷，我花了100美金，相当于现在差不多10000块钱了。

阳　燕：那是很奢侈的事情。

莫华伦：很奢侈，那时候我还是学生啊。我买的那张票是最差的一张，坐在剧院最后一排。但是听了他开口的第一个音，我就觉得票买得太值了。那个声音，比唱片还好听，那是完美的，因为没有麦克风。要知道，世界上最贵最好的麦克风都不如真正的人声漂亮。

阳　燕：我同意。

莫华伦：真的。所以，我鼓励所有人都要去现场听歌剧，不要在家里听CD或者DVD，或者现场电视转播，那些远远不及现场的效果好。当时，我觉得他的声音太伟大了，我就下决心每天听。那个时候还没有什么CD或DVD，就听黑胶唱片，这对我的启发非常大。

我第一次跟他近距离接触是在1987年，当时我已经考进柏林歌剧院了。作为一个年轻的歌手，我做他的替身，演那个歌剧《爱的甘醇》。什么叫替身呢？就是他没到之前我全部帮他排练，唱主角，男一号。有一天，他终于来了，演出前一个礼拜他要到的。他进来时我完全愣住了，我在台上，全部工作人员都站起来跟他拥抱、握手，我也跟着过去问好。他说："小伙子，年轻的歌唱家，你上舞台排练，我看看你排得怎么样，走位置，你走个给我看一下！"要知道，在偶像、在伟大的歌唱家面前唱给他听，走位给他看，当时……

阳　燕：有点紧张。

莫华伦：当然紧张了！都不知道怎么唱，我还是唱了。唱完了下台，他说，小伙子不错，你的声音非常好，还教了我一些技巧。当时，我就全部替他排练，演出的时候，我就在舞台的侧台看。他很可爱的，知道我在旁边，他说："走近一点，看我怎么发声。"我印象最深的是，他有一个绝招。每次演出，一出台的时候放一桶冰块在旁边，然后他把冰块放在嘴里咬咬，再吐出来，再上去唱。自从那次之后呢，我就学他了，喝冰水。

阳　燕：那我们今天应该准备一杯冰水。

莫华伦：应该准备冰水。为什么我觉得有道理呢？有一次，我开音乐会，歌曲之间小休时，我去侧台喝了一杯热水。喝完了之后马上上去，没声了！你知道为什么吗？因为唱歌的时候，声带已经肿了，跟说话一样，你的声带绝对是红的，再喝热水不是更胀吗？当然没声音了。

阳　燕：热胀冷缩的原理。

莫华伦：对。

阳　燕：其实很简单。

莫华伦：很简单呢。但是为什么以前咱们老是喝热水？我就搞不懂。所以从那以后，我演出绝对不喝热水，最多常温，最好是冰水。

阳　燕：细节，真的。

莫华伦：很有用。我告诉你，老是做主持，你们用嗓子其实比唱歌还累。我很佩服你们，我宁愿唱一个小时歌，也不愿说一个小时的话。说话是非常累的，我唱歌的时候全是用气的。

机会只有一次

旁白：从夏威夷大学音乐系和曼哈顿音乐学院毕业后，1987～1994 年，莫华伦签约了德国柏林歌剧院，跃升首席男高音，从此开启了他在世界歌剧舞台上长达 20 多年的灿烂星途。他曾在数十部大型西洋歌剧中饰演主角，包括《弄臣》中的公爵、《茶花女》中的阿尔菲瑞德、《塞维利亚理发师》中的伯爵、《绣花女》中的鲁道夫等。这些年，除频频在欧美地区参演大型歌剧外，他逐渐将事业重心转向亚洲。

阳　燕：签约柏林歌剧院，应该说是您歌剧生涯中的一个非常重要的节点。

莫华伦：歌剧源于欧洲，所以我就去了柏林歌剧院。在柏林歌剧院也不是一帆风顺的。开始就是唱小角色，就几句，上去就是端碗饭给人家，就下台了，没了，整个晚上就唱完了。我一个朋友经常笑我，当时，他在柏林念书，我请他来看歌剧《阿依达》。我就第一幕大概唱了五分钟，唱完我就走了，他第一次看歌剧，他说怎么唱完了，下半场就没有你了。他到现在还经常说这个笑话，其实我就是这样一步步走过来的。

后来有了一个机会。突然有一天，柏林歌剧院打电话给我说，下个星期给你唱《弄臣》里面的男高音主角，唱那个伯爵。我说可以，没有问题。他说没有任何的排练，只有一台钢琴合成。钢琴就在排练厅里面，舞台排练没有，乐队就更不用说了。因为已经在演了，那位男高音病了要我替。我说没问题！我在柏林歌剧院的时候，曾去其他的小歌剧院练兵，练我的主角。所以说，机会一来，我马上就能上台，一唱就成功了！接着，就给我搭角色了，所以说机会来了，你要随时抓住。任何人的机会真的都只有一次。

阳　燕：但其实这些所谓的机遇，是给有准备的人。

莫华伦：是的，你不准备，给你机会也没有用。特别是我们从事表演艺术的人，你要靠实力再加机遇，缺乏任何一个都不行。有机遇没有实力不行的，有实力没机遇，一辈子在琴房里唱也没有用，所以说两个都需要。

阳　燕：恰恰这两项，您都得到了。

莫华伦：也是用了很多的努力……

阳　燕：您从一个门外汉，慢慢地进到这个领域的最高峰。

莫华伦：成功不是那么简单的一条路，都是经过不同的道路走出来的。

我们三个人唱

阳　燕：莫老师非常谦虚。我们知道，当一个人拥有这种强大的艺术魅力的时候，不光是他的声音，其实他的一举一动，都可能会带给我们影响。您的人生故事，其实会给很多年轻人带来冲击。

莫华伦：对。我经常去音乐学院大师班讲课或者上节目，我都是鼓励年轻人，而且我很喜欢挖掘新人。我做过很多比赛的评委，2013 年青歌赛我也做过评委，7 月我在欧洲，给一个很大的歌唱比赛做评委，唯一的中国评委。全世界一流的歌剧院院长、大评论家、声乐老师都在评委里面，我很高兴我是唯一的华人评委。

阳　燕：因为您在业界是受认可的。

莫华伦：可以这样说吧。我现在还在欧洲唱着，我六七月都在欧洲唱三部歌剧，没有断过。就是"海归"之后，我还是在继续推广我们的中国文化。

大约两年前，我们成立了中国三大男高音，这是北京市市政府一手推出来的品牌。中国三大男高音有我、戴玉强，还有魏松。不到两年，我们已经走了很多国家，去了德国、英国、美国。在最棒的地方，在皇家歌剧院，在纽约的林肯中心，还有很多地方都唱了。可以很骄傲地说，到现在为止，没有一场冷场，每一场演出都是起立鼓掌。为什么？我们把中西文化结合起来了，我们把中国的文化，用我们男高音的声音带给了全世界的听众，他们接受了。在我们节目里面，一半是西方的歌剧，大家耳熟的歌剧；一半是中国的名曲和民歌：《在那遥远的地方》、《达坂城的姑娘》、《小河淌水》、《三次到你家》、《草原上升起不落的太阳》等。他们听着觉得一点都没有障碍：第一，没有语言的障碍；第二，没有发声方法的障碍。因为他们听得懂男高音的发声方法。另外就是我们用我们的各省方言，用男高音的声音唱中文歌，他们一下子就接受了，所以说很成功。

阳　燕：所以，你们是在用特有的方式推广中国音乐里最美的部分。

莫华伦：是的。我们有自己的京剧出去演出，或者说我们的民族歌唱家出去演出。比如说宋祖英她们出去演出，外国朋友用英文说 "Very Interesting"（很有意思），但是他们不懂那方面的发声方法，他们是抱着好奇心来欣赏。但对于男高音，他们是可以拿来比较的，他们自己国家也有。因为评论我们中国文化的时候，他们不能说好还是不好，只能说 "Very Interesting"，很好奇地欣赏。男高音唱得好不好，他们一下子能听得懂，他们是可以评论的。

有一次，我们在伦敦唱给英女王听，唱完了之后全世界转播了。那是一个大型皇家综合晚会，英女王坐在那，完了以后还上台接见，上台接见的时候她跟我握手。你想啊，跟伊丽莎白女王，80 多岁的老人家握手，多激动啊。谁知道她一跟我握手，她的劲比男人的劲还大，当时是戴着白手套的，一握，我震撼了。我跟她聊了几句，我跟她说英文，我说 "Welcome To China"　（欢迎来中国）。你猜她怎么说？她说 "Maybe Some Day"（可能有一天吧），很风趣的。然后她说，观众非常喜欢我们的声音。

我们当时唱了两首曲子，第一首是《我的太阳》，第二首是《凤阳花鼓》。唱完了第一首，全场轰动。唱第二首之前，我用英文介绍了这首歌曲的风趣，他们是用英文字幕打出来的。我们唱的每一段歌词，他们都哄堂大笑。"我命苦，真命苦，一生一世讨不着好老婆，人家的老婆绣花又绣朵，我家老婆一双大花脚。"看英文，哦，娶不到好老婆，人家绣花，我老婆脚很大——他们大笑。我们把中国文化彻底地传达了，非常有意思。

阳　燕：他们虽然不是那么理解唱的是什么内容，但是通过这种语言的差异，通过这种声音的变化，或者通过你们三位歌唱家的表情，他们兴许能捕捉到什么。

莫华伦：全部接受了。当时就有几个英国的大经纪人马上说，我要签约你们，你们来英国巡演，并且马上跟我联系了，到现在还跟我联系。可以说很成功地，我们三大男高音，把中国文化带出去了。要知道以前在国外，都是我一个人唱人家的歌剧，同台演出的没有一个是华人，都是欧洲人。

阳　燕：那个时候，你会孤单吗？

莫华伦：你问这个问题非常好。孤单，在舞台上很风光的。演出真好，很风光的，投入的角色，我在台上哭啊笑啊闹啊，就像每场《波希米亚人》，每演一场都哭的，歇斯底里地哭。可是完了之后，一离开剧院的门口，是一个人，到饭店睡觉也是一个人，其实是很孤单的。就从一个非常华丽的舞台上，灯光关注、掌声关注之后，突然一转，转到了饭店里一个人，连宵夜都没得吃。记得有一次饿了，没有东西，所有的饭店都关门了。哪儿有北京簋街 24 小时营业？那是不可能的事。去加油站，加油站凑巧还开着，就吃了一个热狗，那算奢侈品了。有时候，连加油站都没有，意大利很多的加油站都是 24 小时营业，但是得自己加汽油，卖东西的都关门了，也没得吃。

阳　燕：所以，以后您得自备点东西。

莫华伦：但是即使自备，也自备不了那么多啊。我是旅游，能少拿点行李就少拿点。我拿一个小箱子可以过一个月，很惨呢，就是在非常风光的背后，其实非常非常孤单。

阳　燕：现在好很多，三个人。你们三大男高音，在一起唱的时候彼此会有小小的较量感吗？

莫华伦：说没有是假的，但那是一种风趣的较量。因为我们三个各有各的事业，各有各的成就。为什么能走在一起呢？因为已经没有那种很大的竞争感了。如果有很大的竞争感，就是水火不容的那种，不会走在一起的。同行如敌，对不对？三个男高音，但三个都是中年男人了，三个都是各有成就的人了，所以，我们把我们的歌声融在一起，团结就是力量，所以才走得出来。说实话，三个人在一起唱，舒服多了。

莫华伦和主持人阳燕在直播间合影

阳　燕：省心是吗？

莫华伦：省心，过瘾！每个人的声音不可能每天都在最佳的状态，比如今天我的声音不太好，我说那个高音你唱，我们互相可以临时在舞台上调整。很过瘾的！

阳　燕：好，最后我有一个不情之请。因为听完了这期节目，注定有太多的人会无法入睡，所以请您来一小段《今夜无法入睡》。

莫华伦："今夜无法入睡……"

阳　燕：好的，谢谢莫华伦先生用音乐带给我们的感动与激情；也感谢他用尽善尽美的声音感动你我，感动世界。

刘月宁：雅韵依依，小专业开启大视野

人物简介

刘月宁，著名扬琴演奏家，中央音乐学院民乐系扬琴教授，硕士研究生导师，音乐孔子学院办公室主任，第十二届全国政协委员，欧美同学会副会长，中国民族管弦乐协会扬琴专业委员会副会长，九三学社中央委员，九三学社中央文化工作委员会副主任。

1977年，刘月宁以优异的成绩考入中央音乐学院附中。1978年，她在新闻纪录片《春蕾》中以一曲《映山红》而名闻海内外。

1994年，获中央音乐学院文学硕士学位。2004年，作为中国教育部访问学者在匈牙利李斯特音乐学院从事音乐教育研究。2008年，获匈牙利罗兰大学哲学博士学位。2009年，作为美国福特基金亚洲学者，在印度德里大学音乐系从事印度音乐文化研究。

作为中国音乐文化的交流与开拓者，刘月宁的足迹已遍及欧、亚、美等30余个国家和地区。

导读综述

她是中央音乐学院最年轻的教授，中央音乐学院民乐系获得博士学位的第一人。她认为人生就是一个学习的过程,永无止境;同时,人生也是一个感悟的过程,她希望人们能够从音乐当中体会到对于生活的感悟。她说,音乐的最高境界是"和而不同",她从不把音乐局限在一个固定的空间里,也不希望中国的民乐只是小圈子里的孤芳自赏,她希望自己所做的事情可以使中国民族音乐的平台越来越大,事业越来越宽。

音乐对我来说不仅仅是专业,而是信仰

旁白:在中央音乐学院民乐系,扬琴专业排行第四,排在古筝、二胡、琵琶之后。在很多普通人眼里,扬琴就是中国本土一件很平凡的乐器,甚至缺少一些个性。但在著名扬琴演奏家、中央音乐学院民乐系教授刘月宁看来,扬琴绝不平凡。它不仅具有4000多年的悠久历史,更是一件世界性的民族乐器。

翻开刘月宁的简历:中央音乐学院教授、音乐孔子学院办公室主任、欧美同学会副会长、国际扬琴协会理事,如此多的职务在一个人身上产生交集,刘月宁的人生注定不会平凡。

通过和刘月宁教授的交谈,你不禁会感慨,她可以透过这样一个小的专业开启那么一片大的事业。

子 楠:很难用一个身份来定位您,到底是音乐演奏家还是学者,或是社会工作者?您怎么看待自己现在的生活状态?

刘月宁:我做的所有事情,首先是责任的驱使,一种使命感。第二个就是我的兴趣,音乐对我来说不仅仅是专业,而是信仰。跟音乐有关的事情,对我来说都是快乐。

旁白：刘月宁说，这一切是冥冥之中注定的缘分。1977 年，中央音乐学院招收了一批年龄在 10 岁上下的优秀少年音乐人才。那个怀抱着扬琴梦想，长着可爱娃娃脸的 12 岁小女孩刘月宁从河南洛阳来北京参加考试，一曲清澈完美的《映山红》震惊四座。刘月宁以优异的成绩进入中央音乐学院附中，中央新闻电影制片厂曾为首批录取的少年音乐人才拍摄了一部纪录片《春蕾》，刘月宁以她美妙的琴声名闻海内外。10 年后，她又以全优三好毕业于中央音乐学院，并留校任教。她在国内外民族器乐大赛中多次获奖，享誉海内外，被音乐界誉为扬琴精灵。

子　楠：您其实算是年少成名，在很小的年纪就被大家注意到。

刘月宁：1977 年，第一次改革招生制度。当时是 10 月份，我记得特别清楚，自己来考试，稀里糊涂、懵懵懂懂地考完以后就回家了。

没想到就因为这一次考试，一系列的事情就发生了：我提前来北京参加考生汇报演出，在当时大家很仰止的场地——人民大会堂、政协礼堂、首都体育馆、首都剧场做汇报演出。

我的命运中，每一次成长的点都是挺碰巧的事情。但是有时候你回想起来，觉得偶然的事情也是必然，其实我一直是在朝这条路走，只不过是冥冥之中我没有那么清晰。

子　楠：说是偶然，其实更多的是必然。

刘月宁：我父母他们是 20 世纪 60 年代大学生，我妈妈是医生，我爸爸是工程师。他们对音乐有一种崇拜。他们的一个朋友是业余弹扬琴的，碰巧地说看看我的女儿行不行。没有想到的是，我具备了三个最基本的素质：第一个是我能坐得住。

子　楠：学音乐是一件特别辛苦的事情。

刘月宁：第二个是我很喜欢，第三个是我对音乐有一定的悟性。这

三个必须具备，你才能在音乐的道路上走得更远一点。

子　楠：什么时候决定要把它作为以后的一个专业，一个发展道路？

刘月宁：考上音乐学院以后，到处去演出。我就逐渐觉得，扬琴比任何事情都重要，看着它就特别亲，成为了我生命的一部分，而不是生活的一部分。而且现在我用我的专业帮助了别人以后，我感到无比快乐。

春蕾绽放，音乐是我前行的力量

子　楠：从 1978 年成为中央音乐学院的第一届恢复招生的学生，到 1987 年毕业，您在中央音乐学院学习的时间就有 10 年。这 10 年时间是怎样度过的？

刘月宁：一边学习，一边去体会。有几件事特别记忆犹新。第一件是考试汇报演出，我当时在人民大会堂参加春节联欢，也不知道害怕，觉得人民大会堂好大呀。我个头又小，走了好半天才走到台中间，看着红五星就觉得巨大，很懵懂的。之后所有的鲜花、掌声、荣誉就来了。从那个时候开始，我上台从来不紧张，都是最好的状态。

旁白：刘月宁用扬琴创造了辉煌，将扬琴当做自己的爱人，在与扬琴为伴的 40 年时间里，她用坚持诠释了自己的热爱。她说：学音乐的人最可贵的品质就是坚持。

刘月宁是中央音乐学院教授，从事扬琴教育事业已有 20 多年。人们听到教授这样一个称呼，总会有一种敬畏感油然而生，同时会想到头发花白、特别和蔼的老人。而我面前的刘月宁笑声爽朗，又兼有民乐演奏家的温婉气质，是一位非常美丽的女性。

子　楠：为了学习，您放弃了很多诱惑，包括放弃了在东方歌舞团工作的机会。

刘月宁：是这样的。我一路走来，其实放弃了很多。因为音乐对我来说就是生命。可能很多人不能理解，你有这么好的条件，你教教课不就得了吗？你为什么要做那么多奉献呀？我跟学生在一起是一种传承，

2013 年 7 月 6 日，北京音乐厅：中印扬琴二重奏《拉格·茉莉》

我对他们可能比对我儿子都亲，因为我每个星期都见他们，我儿子我从来没管过。我的学生就像自己的孩子一样，这是一种生命的延续。

以扬琴为媒，为中国民乐开创新天地

旁白："音乐对于我就如同信仰一样不可或缺，只有对音乐的热爱才是促使我不断前行的根本力量，也是我最持久的原动力。"无论何时，刘月宁都活力十足。

作为我国民乐表演艺术界屈指可数的留洋博士，刘月宁 2004 年获得教育部公派访问学者资格，在匈牙利李斯特音乐学院从事音乐教育研究。2005 年，她成为国际扬琴赛事历史上第一位中国评委。同年举办的 6 场师生扬琴音乐会系列，首次在中国开创了专题系列音乐会的先河。2008 年，她创建了中国第一个扬琴重奏组合团——茉莉花。2010 年，她在中国出版了第一本国际扬琴领域艺作——《东欧扬琴音乐文集》，填补了扬琴这件世界性民族乐器在学术领域的空白。不断带着扬琴走向世界的刘月宁，也不断将世界各个体系的扬琴带回中国。

子　楠：您是年少成名，一般年少成名的人会面临很多诱惑，会面临很多的可能性、很多的选择，您却每一步都走得特别踏实，包括后来选择出国读书。

刘月宁：对，再进修，去放眼世界。我喜欢这样。

子　楠：2005 年 9 月，您作为第一位教育部公派民乐演奏专业的访问学者，到匈牙利李斯特音乐学院进行了为期一年的进修学习。可能很多人都不理解，民乐演奏家肯定在本土是最好的，为什么要去国外学习呢？

刘月宁：2004 年我评上了教授，是中央音乐学院最年轻的扬琴教授。我评上教授就是一个新的起点，我应该做更多的传播工作。

为什么去匈牙利呢？第一个原因：匈牙利是音乐教育大国；第二个是因为扬琴是世界性乐器，它起源于中东，通过十字军东征传到欧洲，又从丝绸之路传到中国。我们这件乐器在世界各地 20 多个国家都有，匈牙利扬琴在扬琴的世界体系里是独树一帜的。

1997 年，我和我的老师项祖华教授在白俄罗斯参加世界扬琴大会时，我就发现扬琴原来是这样的，它的庞大体系特别吸引我。

我去留学的第三个原因就是，我要传播中国扬琴。所以我以匈牙利为中心开了 13 场中国音乐的讲座音乐会，后来还去了捷克斯洛伐克，去了瑞士，我就扛着扬琴跟他们对话。

子　楠：您真的站在了一个高度上，把我们中国的音乐带到世界，同时也把我们不了解的世界上的扬琴的其他体系带到了中国。

旁白：当扬琴站在世界民族器乐展演的舞台上，按照刘月宁的话说就是："会亲戚，见老乡。"刘月宁带着这样的自信和开创精神，以扬琴为媒，不仅为这件乐器，也为中国民乐轰轰烈烈地开创了一番新天地。

人生其实就是一个学习和认知的过程

旁白： 中学时期的刘月宁非常喜欢泰格尔的诗，那是年轻人表达爱意的最佳途径。2011 年，泰格尔 100 周年诞辰。在印度加尔各答市政厅，刘月宁用扬琴向偶像致敬。

2008 年，刘月宁以优异的成绩获得了美国福特基金会亚洲项目资助，赴印度德里大学音乐系从事研究，从此刘月宁开启了与印度音乐家的合作，并多次举办中印音乐合作交流活动。

出于对自己更高的追求，刘月宁又到匈牙利罗兰大学文学院攻读博士学位。2008 年，她通过了博士论文答辩，也成了中央音乐学院民乐系获得博士学位的第一人。

子　楠： 说到您的这些经历，我发现有很多个第一，数不清楚究竟有多少个了。但是这一次次的第一让您完成了一个从音乐家到一个博古通今的学者的转型，我觉得您真的不像是一个一般意义上的音乐家，更像是一个学者。为什么想要接着读博士呢？

刘月宁： 人生其实就是一个不断学习和认知的过程。学习是一辈子的事情，我正好赶上了这个机会。我给我自己的定位是，我想成为一个学者型的演奏家、艺术家。扬琴是本土化了的民族乐器，但是它一旦和我们大家族的乐器、同族乐器在一起的时候，是一种文化的交融，碰出来的火花是让你很震撼的场面。

与环球资讯广播总监黄永国和主持人子楠在直播间

子　楠：高手过招往往觉得特别过瘾。棋逢对手，就是这样一种感觉？

刘月宁：作为演奏者来说很享受，作为观众来说有心灵的震撼。

子　楠：这是一种跨国界的语言。如果有知音，真的是不需要太多的语言就可以明白了。

刘月宁：所以说语言的尽头是什么？就是音乐。

子　楠：直达内心的音乐，已经克服了巴别塔，不需要翻译。您读博士学位的时候，更多的是学习跨文化之间的交流，不同乐器之间的交流。这次印度之行主要研究的课题是什么？

刘月宁：主要是印度古典音乐，西塔尔琴，塔布拉鼓，声乐。因为扬琴是世界性的民族乐器，所以就感觉到你的视野不一样了，你吸收的一些营养会变成你自己的一个新的语言。

子　楠：当时在印度您还去了克什米尔？

刘月宁：我在印度去了好多地方，从北到南，从西到东，在克什米尔民族音乐研究所研究他们的乐器，和印度音乐家合作开音乐会。在印度恰尔肯德邦的吉里迪，结识了当地负有盛名的、印度西塔尔琴与萨罗德琴的表演组合"克迪安"兄弟。他们是第一次见到中国音乐家，对中国音乐还是很陌生的。他们的父亲专门从恰尔肯德邦来到新德里听我演奏，跟我讲印度音乐。他发现我对印度音乐的理解太到位了，然后就决定跟我合作。音乐会那天晚上，打着雷，下着暴雨，很巧的是，每一次音乐的重音都在打雷声中，太激动人心了。大家都为之欢呼雀跃。

我在印度的时候，印度新闻界采访我，问我对印度音乐是怎么看的。我说从我的眼光来看，印度音乐就是音的游戏，无数种玩法，然后让你特别激动。

旁白：如果没有对印度文化的浓厚兴趣，不研究印度音乐的特点，是很难与印度音乐家进行真正深入的交流和合作的。不断带着扬琴走向世界的刘月宁也不断将世界各个体系的扬琴带回中国。

谈到文化交流，刘月宁说，她所做的很多工作其实并不在她的职责范围之内。没有人催促她，甚至被误解，但她都一笑了之。她常常听到自己内心的声音告诉她，上天派她来做这件事，就是要她肩负使命。

子　楠：不同的扬琴家族的成员们碰撞在一起，碰撞出不一样的火花。

刘月宁：我的梦想是有一天，我们中国的学生能够掌握世界各地的不同体系的扬琴。

旁白：2013 年对于刘月宁来说又是一个极具挑战的开始。2012 年 6 月，由国家汉办支持，中央音乐学院与丹麦皇家音乐学院合作办学的全球首家音乐孔子学院在丹麦挂牌成立。中央音乐学院专门设立了音乐孔子学院办公室，这一新机构的设立将是中国的音乐教育向全球推广的直接枢纽。有过多年海外访学经历的刘月宁担任音乐孔子学院办公室主任。为此，每当忙完教学、排练、演出和大量的社会活动以及工作之后，她都需要用大量的时间投入到音乐孔子学院的筹备协调之中。

子　楠：世界的音乐领域里面有影响的华人，大多数都是从事一些西洋乐器，比如说像钢琴、小提琴、大提琴或者唱意大利歌剧等。也就是我们去做洋人的这些洋玩意儿，玩的好了，出名了。

我们的音乐孔子学院虽然只是一个途径，但是是一条非常好的途径。对于音乐孔子学院的未来，您有什么样的期待？

刘月宁：这期待是挺多的，但是我觉得，归根结底的目标就是把我们优秀的中国音乐介绍、展示到国际艺术教育的舞台上。我期待在不久的将来，能够有更多的外国朋友演奏、演唱中华民族的传统音乐和歌曲，有一台庞大的音乐会的展示，你想想那个场面该多震撼？

子　楠：这是一定可以实现的，我们现在都有汉语桥了。

刘月宁：以后会有音乐桥的。

茉莉花开，华美绽放

子　楠：除了各种各样的工作之外，您对于自己的专业也毫不放松。2008 年 8 月 24 日，就在北京奥运会闭幕的同一天，您创建了中国第一个扬琴重奏组合——茉莉花，同时也发行了首张唱片《茉莉花开》。茉莉花是女子很温婉的形象，为什么叫"茉莉花"？

刘月宁：说得太对了。《茉莉花》，它首先是中国的民歌，在世界舞台上是中国音乐的符号。而且我们这个茉莉花组合团全是女性青年演奏家，我们对艺术的追求和理想，其实跟茉莉花的状态和气息是很吻合的，所以这时候就有了茉莉花。

子　楠：很芬芳，很清馨，又很优雅。

一方面是自己的音乐会，还要帮学生开音乐会，还要策划各种各样的晚会以及其他工作，您把这个过程称作学习。您就好像是一块海绵一样，不停地吸收各种各样的东西。

刘月宁：其实很辛苦的，有时候也觉得还能再坚持吗？我觉得我所做的一切，一定会留下足迹的。

子　楠：这几十年里，专业领域的成就就不去说了，您还在对外交往方面取得了很大的成就，还推动了其他国家的音乐教育。您还出版了关于扬琴方面的专业书籍以及诗集。取得了这么多的荣誉，您觉得现在自己的最大梦想是什么？

刘月宁：和我世界上的同行们，和爱好中国音乐的这些外国朋友们，来分享中国音乐的美，感受中国文化的博大精深。

贺冰新：创造无数造星神话的流行音乐教母

人物简介

贺冰新，欧美同学会留英分会副会长，中国音乐学院继续教育学院客座教授，中国音乐学院社会艺术水平考级通俗教材主编，中国大众艺术家协会理事，中国欧美流行声乐教育家，国内第一所欧美流行音乐学校校长，第一个成功地将欧美真假声无痕迹连接的演唱技巧引进中国并成功运用于本土化教学的著名声乐教育家。

导读综述

提起声乐教育家贺冰新，就不得不提到她的学生们：2013 年再次登上央视春晚的歌手李玉刚，《星光大道》走红歌手玛丽亚，著名影视明星刘亦菲，中央电视台主持人朱迅，著名翻唱影视娱乐明星迈克，广告红人倪虹洁，等等。一个一个青年歌手红遍华语乐坛，功成名就的背后，其幕后导师功不可没。他们的导师就是中国著名的流行声乐教育家贺冰新。贺冰新既是一位教育家，也是一位艺术家。留学海外多年，她采撷了欧美流行音乐前沿学术精华，重返祖国后不遗余力地将欧美流行演唱方法广为播撒。她创办了国内第一所欧美流行音乐学校，第一个成功地将欧美真假声无痕迹连接的演唱技巧引进中国，并用于本土化教学，发展为极富特色的贺式教学法。

旁白：一件松身中式上衣，盘髻，我面前的贺冰新气质优雅，盛名之下的她低调谦和，从一个喜欢唱歌跳舞的小女孩，到被誉为中国流行音乐教母的著名流行声乐教育家，贺冰新为无数怀揣梦想的人铺就了星光大道。一路走来，她自己又经历了哪些不为人知的故事呢？

我就是有特别强烈的探究心

旁白：贺冰新有着对音乐天生的热爱，幼年时候便显露了出众的歌唱和舞蹈方面的才华。她8岁开始学习舞蹈，14岁开始学习专业声乐，16岁高中毕业时便以出色的成绩轻松考入中国人民解放军铁道兵部队文工团。1984年，恰逢部队的百万大裁军，贺冰新转业到地方继续从事艺术表演。就在这个时期，唱民族唱法的她感受到流行风扑面而来。好奇心和求知欲驱使她想走出国门，探究一下流行唱法的大本营。贺冰新说："我就是有特别强烈的探究心，我就想我一定要出去看看国外到底什么样，怎么能让我的流行唱法稳定。"

子　楠：可能觉得当时整个国内的流行乐还不成一个系统？
贺冰新：对，你想，欧美的流行音乐历史大概有300多年，我们国内20世纪80年代的时候刚刚兴起，到现在也只有30年的历史，你找不到一个可依据的模式，只能靠听邓丽君来模仿，但是跟我们原来学的概念相差特别远。所以说我就想要有机会，我一定要出去，我要看一看真正的流行是什么。

旁白：对艺术深切的渴望，鼓舞着年轻的贺冰新。1990 年，她远赴英国，寻求欧美流行音乐演唱的真谛。求学国外多年，她感受到了最前沿的流行音乐氛围，也为国内流行音乐与国际水平之间的差距而隐隐担忧。

子　楠：后来您是去了英国，那是什么时候的事？

贺冰新：对，是 1990 年，刚好有一个机会，然后我就出去了。刚开始要一边打工，一边学英语，因为我们都是突击学的英语，所以大概半年之内的语速都跟不上。刚出去的时候真的不是特别习惯，那边的文化跟我们原来在部队文工团的文化差距太大。我们原来是铁道兵嘛，没有需要你操心的事，吃穿住用全都是部队发，我们那个时候都是生活在那样一种环境中。

子　楠：这算是您当时在英国遇到的最大困难吗？

贺冰新：我觉得最大的困难就是，从一个什么都有人管的环境到一个所有事情都要自己管的环境，这个落差比较大。今天就要计划明天的事情，要做什么，几点去打工，几点去上学，再辛苦再累也不可以不起床，因为只要不起床，这个工作位置就没有了。所以他们很多人问我，贺老师，你觉得一生当中你最艰难、最苦的是什么时候？我说就是出国那几年。确实，我认为那个时候是最苦的，那是一个非常大的变化。但是我觉得，出国对我最大的好处也就是这一点，锻炼得很独立。我原来稍有一点软弱那种性格，比较爱哭，现在我连眼泪都没有了，什么事都可以自己搞定，你不会在乎，你不会再怕什么事，也不会觉得有什么事儿做不了，现在没有这种概念了。

就是让你无限制地释放

旁白：贺冰新在英国的留学岁月是一个释放的过程，释放生存潜力，释放心绪感情，从而完全释放声音。

子　楠：当时您在英国主要是学什么样的课程呢？

贺冰新：比方说今天大家一块跳钢管舞，有的会把衣服脱得就剩一个短裤了，我们以前没有这样的环境。如果你很羞涩，老师就觉得你没有放开，不可以。或者他一瞬间把窗帘全部拉上，让我们想象，现在如果是地震，你会是什么心态？你会发出什么样的叫声？你那样的心情和状态要完全达到老师的要求，就是让你无限制地释放。释放完了以后，他会给你讲声音，声音是什么样的一个状态。比方说我们原来学的唱歌的方法，气息是支撑住的。到国外了，气息不能支撑，气息要流动的，你就找不着你的根在哪儿。原来我们一直都是腰要撑住，脚要站在地下，到那儿完全不是，脚还要打拍子，然后完全用丹田。

子　楠：不要那种很紧的状态，越是紧的状态，越是没办法释放出来。

贺冰新：对，在完全放松的状态下才会有感觉，不管是艺术方面还是其他方面。

子　楠：这样的感悟是您当时在英国学习这几年最大的收获吗？

贺冰新：也不全是，它还有很多方面。比方说我们原来唱歌的时候要求你的声音要特别统一，不能有其他的音色或者语言出现。但是在国外就会要求你的语言要很有特点，你的语言要随着歌词的发展有不同的音色出现。根据情绪来决定你的语言，我觉得这一点给了我很大的启

244

发。还有更重要的一点就是，我们在国内学习的都是唱歌词的画面，比方说天上的星星那么美丽，想象星星。但是在国外，它要求你的节奏是强弱弱、空拍弱弱，以这个为基础，然后再想象天上的星星和语言的变化。它是把音乐节奏的画面当成人的骨骼。你的歌词和想象应该是皮肤。我从小在团里，乐理是最好的，我们那时候下午排练，拿了一首新的原创，谁第一遍连词带曲唱完谁就可以出门，我一般都是那第一个或第二个。

但是没有一个老师教过我音乐节奏里面有什么样的情绪，这个是在国内教育里没有的，那是我在英国学习到的。他老让你听音乐，把歌词全部弄掉，你在这里看到什么，想到什么了，然后你用身体去感受那样的环境，是森林，是大海，还是幽静。但这些都应该是什么样的，它就讲究唱歌要分时间、地点、人物和角色。我有一个朋友，当然也是我们圈里的人，我们关系很好，一次我们一块去唱歌。他唱《小夜曲》，那声音很漂亮，但是一唱，我就马上给叫停。我说亲爱的，这个时间是什么时候？说是晚上。我说，对啊，那晚上能这么大声音唱歌吗？晚上要控制你的音量和音色，而且晚上是什么样的心情呢？地点是外面，对着月亮，那么对着月亮的时候，是很有意境的来感受我们想要唱给爱人的这样一个曲子。在这种意境下，你就要变得很悠扬，你的音色和你的心情要有很悠扬的感觉，而且要控制。他说，你这么一说，我再唱出来就不一样了。所以，中西方在很多艺术的要求和理念上是有比较大差别的。方法上，国外还讲究视觉和听觉的艺术表现，要表现重叠，这样达到给观众非常强的感染力。其实我们所有的艺术形式最终的目标就是一个，让所有的听众和观众受到这种强烈的艺术形式和真情的感染。

旁白： 在贺冰新看来，音乐不仅仅是音乐，更是情感的表达，当情感和音乐结合起来，才能真正地感动人心。

贺冰新近照

人生应该为一件大事而来

　　旁白：学成归国后，贺冰新把在国外多年积累的知识和理念传播开来，为中国流行音乐的发展助力。贺冰新曾先后在很多专业学校和团体担任声乐老师，并多次远赴英国、美国、韩国、澳大利亚等多个国家进行学术交流和文化艺术访问。贺冰新认为，无论是什么形式的艺术，表演者都要把声音、动作和内心的情感结合起来。回国之初，贺冰新踌躇满志，然而很多自己认为先进的理念在一开始并不被认可，但是贺冰新觉得不管有多艰难，不管能不能受到认可，自己都要把学到的理念在国内传播开来。

子　楠：没有任何其他想法，义无反顾地就回来了。

贺冰新：对，用地方话来讲，那时候老雄心壮志了，回来的时候，就是觉得一定要回国，做一番自己想做的事业。

子　楠：一开始回来就是选择做老师？

贺冰新：说实话，一开始回来也有点波折。一回来吧，还不是很习惯，你在国外没有觉得，可回来以后发现，很多文化还是融入了你的血液里面。另外一方面，我那时候跟大家谈起欧美流行乐的演唱，没有人理解我，就觉得这人很奇怪，欧美演唱，什么叫欧美流行乐？

子　楠：寻不到知音的感觉。

贺冰新：对，就是大概回来有两年我都有点没办法工作下去，一个是没有寻到知音，另外一个就是，国内的一些人情关系好像我完全不会。所以我刚回来的时候不太适应，人就是很奇怪，在国外觉得国内好，回国后又觉得国外也不错。

子　楠：那当时为什么没有想要继续做台前的工作，继续当歌手，而是选择到幕后做老师呢？

贺冰新：做老师也是我从小的一个愿望，回来以后，也是觉得年龄有点大了，更希望做一些实实在在的事情。现在好多朋友都说，贺老师，像你这个年龄唱这么好，如果你要出来做表演，一定很容易成功。我说，我已经没有那种心情了，做一点能够帮助别人出来的事情，我觉得我很愿意。

子　楠：刚才说到刚一回国有一种知音难觅的感觉，当时中国整个流行乐的大环境，中国的流行歌手，跟欧美的流行歌手，他们的最大差别在什么地方呢？

贺冰新：中国的还是只是唱歌词，包括到现在也还有相当一部分人在唱歌词，不唱音乐，这是比较大的差别。中国唱歌有一种模式，缺少一种声音的个性。国外特别强调，我要用说话的声音唱歌才是自然的、放松的，如果你说话是这样的，你唱歌是另外一个样的，那你的某种器官一定是不放松的，要努力挤出这样的声音。所以在国外，人们很不赞成去模仿。

回来以后呢，我就立志想用我在国外学到的这种理念和方法，对中国流行音乐的发展有一个推动，或者有一个变革。我的第一场新闻发布会是在 2000 年，当时几十家媒体都是整版报道，说贺冰新老师说，学流行唱法不需要从美声学起，那时候就形成了爆炸性的新闻。其实那个时候我并没想炒作自己，我就希望把我学到的东西奉献给我的国家。当时我们在英国，我算混得比较好的，而且英国的福利也很好，但是我们什么都没想，就是想回到祖国，想把自己学到的东西来贡献给国家。人的一生很有限，我就觉得人一生应该为一件事而来。我特别同意人大附中的校长的观点，她写了一本书，说人生应该为一件大事而来。现在很多学生、朋友都说，像你这个年纪，遛遛狗，休闲休闲，你还那么辛苦干吗？我说我这人就是这命，你真的让我天天在家遛狗，我可能就不行了。但是我每天都是这样，为了自己的理想和喜欢做的事付出，我觉得是很快乐的事。

他说老师我就是跑调，我说我保证能教会你

旁白：2006 年，贺冰新成立了中国第一所欧美流行音乐学校。多年来，很多热爱音乐、怀揣梦想的年轻人脱颖而出，成为明日之星。为人亲和低调的贺冰新，在短短的几年时间里培养了大批明星艺人，在业内引起了极大反响。贺冰新在教学中总结出一套科学易懂且行之有效的教学方法——贺式教学法。

英国留学时期的贺冰新

子　楠：刚才您也说到了自己其实是一个特别低调的人，不善于炒作。

贺冰新：对。

子　楠：但是您的很多学生都非常有名气，现在教出了很多杰出的学生，如果在网络上搜索"贺冰新老师的学生"，都会出来长长的一串名单。您在选学生的时候有什么标准吗？

贺冰新：标准倒没有，我在做讲座的时候就说，人人都可以成为歌唱家。到我们学校来的，有很多优秀的，也有很多进来就跑调的，但他态度很诚恳，他说老师我就是跑调，我就是要来学，他说你能不能教会我，我说我保证能教会你。

子　楠：跑调都可以教会吗？

贺冰新：对。因为跑调有两种，一种就是遗传基因，父母和亲戚里面有一个是跑调，他就连一个音都唱不准，这种是天生的。还有一种就是说，可以达到的音域他一点都不跑，他唱不上去了，所以才跑调了。这种非常容易解决，就是用我的方法，让他的高音上去，他能上去他就不跑调了。

子　楠：很短的时间，就能有很大的提升。之前我们听欧美歌手唱歌的时候，发现他们的表现力，尤其是在唱现场的时候，表现力特别强，这个跟我们很多国内的歌手形成了很大的反差。就有人说是我们的体质不一样，他们欧美人先天的声音条件就好，他们嗓子就是好，他们唱歌的时候就是能撑住。

贺冰新：不是，你比方说像布兰妮，她是不是也是小嗓？细细的，甜甜的？我真正在国外生活过，很多老外声音很差，嗓子好的人也是少数，跟这个完全没有关系。像李玟不也是亚洲人嘛，只是她从小生长在欧美而已。像邓丽君也是亚洲人，但她的艺术表现力、她的语言性和她的歌唱性都是非常好的，若干年内很难有人超越。像迈克尔·杰克逊，很难出现这么一个跳得好，唱得好，舞台表现力也这么好、这么敬业的人。所以，这跟体质差异没有关系，重要的是理念和方法。所以说这个不是问题，像我们随便的一个小城市，都有无数个形象好，声音条件又好，能超越李玟和蔡依林的，但是人家的作曲制作，和对音乐的理解和关于声音的概念，是我们做得不够的。

一辈子认认真真做一件事，就一定能成功

子　楠：所以天赋是一回事，后天正确的方法也是非常重要的。那么您在培训的时候，觉得什么样的东西是最能够打动您的？

贺冰新：说实话，唱歌能成为一个优秀的艺人或者是歌手，确实还是需要好的条件，你看有的孩子，年纪也不大，但是一教就会，这个天

赋也是需要的。

子　楠：需要悟性好。

贺冰新：对，这个真是需要天分的。还有一种就是他的声音的特点，有的人生来的声音就非常让人着迷，沙沙哑哑的，而且他也能对音乐有这种理解，你一点他就能懂。还有一个我比较注重，就是做人要真诚，很多很油滑的人，唱出东西来也不那么真诚，如果唱歌，就认认真真唱歌，这一辈子就唱歌，你一定能出来。比方像帕瓦罗蒂，大学毕业的时候他就问他父亲，他说父亲现在有四个工作我可以选择，您认为我应该选择哪个？他父亲就说，不管你选择哪个，只要你一辈子认认真真地做一件事，你就一定能成功。比方说我，我也是，我从国外回来的时候也有很多诱惑，那时候很多朋友做房地产，他们说搞什么艺术啊，谁懂你的艺术，跟我们做房地产去挣钱。我后来思考了一下，我说不行，首先我是在部队长大的，我不太会忽悠，现在叫忽悠，那时候在我们看来叫不会说谎。我觉得我从小学的就是艺术，我还应该从事我最擅长的，我还是爱这个，我离不开这个。

子　楠：这其实也是您自己的性格？

贺冰新：是。

子　楠：真诚，而且非常坚持，坚持自己热爱的音乐事业，是把音乐当成自己的一个事业，而不是成名的一种手段。

子　楠：用最快的方法学会最流行的歌，人人都可以成为优秀的歌手，那么您的贺式教学法，它最最核心的内容是什么呢？

贺冰新：最最核心的就是，比方说刚才做过示范的真假声无痕迹连接，还有语言歌唱法。比方说大部分人唱《鸿雁》这首歌，都是"鸿雁"这样唱，但我们要求就不一样，"鸿雁"是一种情绪，"天空上"是一种情绪，语言要变化，心情要变化，这就是语言歌唱法。"鸿雁——天空上——队队排成行"，去体会咬字的那种画面以及语言的变化

贺冰新演出照

和心情的变化。

　　子　　楠：真想听您把这首歌唱完。像您刚才说的那样，唱歌不仅仅
是唱歌，更多的是一种情感的表达。

　　旁白：这是在印度尼西亚雅加达艺术宫的《椰岛赞歌》音乐晚会
上，贺冰新所演唱的《芦花》。音乐是情感的抒发，也是情感的升华，
每一首歌曲都是一个动人的故事。而贺冰新，还在不断向学生们讲述着
生活、艺术、情感的故事。

金珊珊：最好的舞者是心灵的舞者

人物简介

金珊珊，毕业于北京大学印度语言文化专业。自幼在东方歌舞团学习东方舞蹈，大学期间，由国家教委公派到印度尼赫鲁大学学习印度语言文化，同时学习印度古典舞蹈。后来，她四度赴印度学习舞蹈，师从印度最著名的婆罗多舞蹈大师丽拉·萨姆森。20多年来，她潜心于印度舞蹈理论及实践研究，曾多次举办印度舞蹈专场演出，并一直致力于中印两国的文化交流活动。

导读综述

她是著名舞蹈家，有着"中国印度舞蹈第一人"之称。她先后四次自筹资金，赴印度求学舞蹈。印度舞蹈，变成了她生命中不可或缺的部分。她既是一位艺术家，也是一位教育家。她的舞姿婆娑曼妙。她梦想让印度舞蹈之花在中国绽放。她为印度文化在中国的传播付出了别样的努力。

最好的舞者是心灵的舞者

旁白：近年来，随着《贫民窟的百万富翁》和《三个傻瓜》这样的电影在中国的热映，越来越多的印度歌舞受到中国观众的喜爱。经典的印度舞到底是什么样子的？是像宝莱坞歌舞片里面的那样，还是风靡一时的肚皮舞？一个中国人，为什么会对印度古典舞有着深深的爱恋？金珊珊毕业于北京大学印度语言文化专业，多年来活跃在舞蹈和中印之间，对印度文化和舞蹈有着深入的了解。

接受采访时，金珊珊刚刚完成在国外的巡演，显得有些疲倦。然而一说起她所热爱的印度舞蹈，她的脸上立刻闪现出别样的神采。

子　楠：刚才见到您的时候，您说时差还没有倒过来，刚刚从美国回来。这次是去参加什么演出呢？

金珊珊：我这次是跟着一个印度舞蹈团去欧美巡演，走了一个多月的时间。这个团是我的老师丽拉·萨姆森带队。她是印度婆罗多舞蹈的第一把交椅。她在1995年成立了一个舞蹈团叫Spanda（斯班达），是印度最知名的婆罗多舞蹈团。

子　楠：您作为一个外国的演员，跟着纯正的印度舞蹈团去世界各国巡演。这是不是说明您已经被当地的原汁原味的艺术所认可了？

金珊珊：可以这么说吧。我们这个团一共九个演员。丽拉老师不用说，她是大师。其他的都是刚刚从卡拉谢特艺术学院毕业的研究生。他们年轻，而且技术特别好。所以跟他们在一起，我一方面压力比较大，因为毕竟我一个人在中国这么长时间了，不像他们都经常保持着训练的状态；另一方面，我觉得真的是很有挑战。

子　楠： 纯正的印度古典舞，在国内应该是很小众的。之前我们看到的印度舞的演出，更多的是一种混合体。

金珊珊： 我留学回来以后开了自己的学校，发现来找我的人大多都是为了学电影舞蹈。大家谈到我的舞蹈也会说，为什么和我们想象的舞蹈是不一样的？因为电影舞蹈独特的存在方式让人们更容易看到，更容易接受。而古典舞，大家接触的机会比较少。

我在印度学会了尊重

旁白： 大大的眼睛，高高的鼻梁，黝黑的皮肤，外表形似印度人的金珊珊，对印度有着深深的爱恋。从小就能歌善舞的她，听到印度音乐就会情不自禁地跳上一段。1983 年，东方歌舞团成立少年舞蹈学校，金珊珊成为其中的一名学员，刚好第一节课学的就是印度舞。如果说这是金珊珊和印度舞的缘分，那么真正指引金珊珊走上印度舞蹈道路的，是已故东方歌舞团的舞蹈大师，被印度传媒誉为 20 世纪玄奘的张均老师。从张均老师身上，金珊珊不仅学习了舞蹈的技艺，也学会了老师坚韧而执著的艺术追求。

金珊珊： 张均老师是东方歌舞团的创始人，是我们中国第一个跳印度舞蹈的人。张均老师在去年（2012 年）去世了，今年一周年的时候，以我为代表的他的所有学生，我们一起给张均老师办了一个纪念晚会。

子　楠： 说到张均老师，他可不可以算是你个人印度舞生涯的一个开始？

金珊珊： 说到张均老师，我觉得他真的是我事业的引路人。他不但给我了启蒙教育，而且在我面临抉择的时候给了我非常正确的指导。

演出照

子　楠：什么样的抉择呢？

金珊珊：我在高中毕业的时候，面临要上什么样的学校、将来从事什么样的职业的选择。当时，我特别希望上舞蹈学院。因为我太热爱舞蹈了，我想成为一名专业的舞蹈演员。

但是机缘巧合，我没有能够实现这个心愿，而当时北大，又给了我这个机会。我在犹豫的时候询问了他。张均老师说，如果你上了舞蹈学院，你以后可能会成为一名舞蹈演员；但是如果你上了北大，你出来会成为一名专家。

子　楠： 在北大，您是进入东方语言文学系，学习专门的印第语。为什么学印第语会成为一名舞蹈专家呢？

金珊珊： 因为印度舞蹈并不像表面看的只是一些肢体的动作。它背后的文化内涵太深了。如果说你不了解它的语言，你不了解它的文化，你不知道它的宗教、人们的生活习惯，你不可能把这个舞蹈跳好的。

在北大学习的四年中，我初步了解了印度的语言和文化，而且最大的收获是，当时北大派我到印度留学。其中有一年半的时间，我实际上是在印度度过的。在北大有太多的老教授，他们会给我们上一些课程。比如说季羡林老先生、金鼎汉先生、金克木先生，他们都会给我们做一些讲座，我学到了很多的东西。

子　楠： 这对之后在艺术的表达上会有很多的帮助。不管是唱歌也好，跳舞也好，它表现出来的不仅仅是一种声音或者动作，更多的是一种情感。你表达出来的艺术形式能不能真正地感染人，靠的就是你的内涵。

金珊珊： 对。在印度留学的时候，也有很多的收获。第一次去印度留学，在尼赫鲁大学待了一年零三个月的时间。实际上，北京大学是派我去学印第语的，但是我在业余时间学了舞蹈。那一年给我的最大收获，如果简单地用一句话来总结的话，我觉得是我学会了尊重。

子　楠： 为什么这么说？

金珊珊： 举个例子，我第一次去印度的时候，会看很多演出。看完演出之后，别人会问我："你觉得，这个女孩子跳得怎么样啊？"我当时会用我们中国的专业舞蹈老师的思维方式去评判。比如我会说："哎呀，这个女孩子作为专业的舞蹈演员，她的头太大了。"或者我说："她的胳膊不够长。"这是固有的思维方式，因为从小我们就是被老师这样去评判的。

我同学听到这样的回答很惊讶。她会说："你怎么会这么看呢？我觉得她在表演方面非常好，非常出色。"那久而久之我也在思考，为什么我看到的都是别人的缺点，而别人看到的都是美好的东西。这是不同的思维方式。

子　楠：这样的理念，对于您现在的教学也会产生影响吧？

金珊珊：绝对会有影响。在这个理念之后，我又得出了一个结论。在印度我了解到，舞蹈是为所有人而生的，不是说什么人才有资格跳舞，所有人都可以跳舞，而真正最好的舞者是心灵的舞者。你只要用心去跳，你就会是一个非常好的舞者，我也是这样教我的学生的。

舞蹈可以让我放弃一切

旁白：大学毕业后的金珊珊，曾经就职于一家外资公司，虽然待遇优厚，但放弃自己所喜爱的印度舞蹈总让她心里感觉缺少了什么。后来她辞去外资公司的工作，再次来到了印度，自费深入研究印度舞蹈。这一次，她想拜著名舞蹈家丽拉·萨姆森为师，学习婆罗多舞。这位很少收外国弟子的老师，感动于金珊珊的真诚，破例让她成为自己的洋弟子。

子　楠：在印度的时候你看到的印度舞，和之前在国内学习到的印度舞，是一样的吗？

金珊珊：我觉得是不一样的。在国内学到的，更多的是皮毛的东西，是肢体的东西。到了印度你才会发现，原来每一个动作都是有内涵的。这个动作从何而来，它完全源于生活。如果你没有在印度生活过，你跳的舞蹈就是白的，只是单纯的模仿而已。

子　楠：在印度的时候，一方面是学习，另外一方面还去看了各种各样的演出。您当时的生活状态是什么样子的？

金珊珊：我很怀念在印度的生活，用我自己的话来讲，就是很在状态。我每天的生活非常丰富多彩。早晨 6 点多就起来，跟着我的老师去跑步，吃完了早饭之后就是排练。晚上，我们会到各个剧场去看演出。在印度，所有古典舞演出都是免费的。当时我们居住的地方是它的文化中心，周边有六七个剧场。每天晚上，剧场里都在上演不同派别的印度古典音乐和舞蹈。你可以转着去看，整个生活都是满满的。当时的我就像一块海绵，不停地吸水。我在印度生活了将近五年的时间，学到了很多东西。

子　楠：毕业之后又去过印度。

金珊珊：我当时学习了一年半，因为大学毕业就回国了。之后，我在外企工作了一年半。这一年半的时间，我比较纠结。

子　楠：又一次面临一个巨大的选择。

金珊珊：当时，我在外企这个工作是很好的，待遇非常优厚，我又非常受器重。但是我心里又不能释然，我不能放弃我所热爱的舞蹈，所以在工作一年半之后，我终于下定决心辞职。

子　楠：现在想起来，那应该也是一个特别大的决定。因为在那个年代，外企的工作是相当体面、令众人非常羡慕的。

金珊珊：是的。但是到今天，我也不后悔我的选择。

子　楠：因为当时的选择，所以后来真正地走上了舞蹈的道路。当时你选择辞职的时候，有没有受到什么阻力，比如说来自家人的？他们可能会认为，一个女孩子有一份这样体面的工作是很好的事情，如果辞职去跳舞是没有必要的。

金珊珊：其实，我走上舞蹈这条路，从一开始就有很多人来阻拦。最开始教我的舞蹈老师都不赞成我搞专业。

演出照

子　楠：为什么？

金珊珊：因为他们觉得，在中国搞舞蹈并不景气；舞蹈演员并不是一个很好的职业，是吃青春饭，舞蹈演员可能 30 多岁就要改行了，而且她们并不受尊重。知名的独舞演员像杨丽萍这样的很少，大部分人还是群舞演员，更别说是跳印度古典舞了。他们的担忧是有道理的，我也理解他们。但是，我还是毅然决然地辞职了。

子　楠：所以说在人生的重大转折上，有时候也是需要相当的勇气的。

金珊珊：可能这就是我这个人的一个特点。如果说是我真正喜欢的东西，为了追求它，我可以放弃其他一切。

一辈子的师生关系

旁白：在金珊珊的眼中，你可以感受到她对于舞蹈的热诚。对她来说，印度舞蹈是自己灵魂深处无限热爱的艺术。金珊珊先后四次自筹资金赴印度学习舞蹈。印度舞蹈变成了她生命中不可或缺的部分。而与印度顶级舞蹈家丽拉·萨姆森的师生情缘，更是对金珊珊的舞蹈道路产生了巨大影响。

子　楠：第一次去印度，是以留学生的身份去的。那么第二次是一个什么样的情况？

金珊珊：我是跟着我的老师，在她家里，听私人授课。

子　楠：跟着丽拉·萨姆森，印度顶级的婆罗多舞的舞蹈家？

金珊珊：是的。她之前也教过外国学生，但外国学生总是会有很多问题。要不就是签证的问题，要不就是朝三暮四，所以，她一度对外国学生非常失望。她决定再也不收外国学生了，就在她做出这个决定的时候，我去找她了，因而吃了闭门羹。但是最终她还是收我做了她的学生，我觉得还是我坚持的成果。

其实走到今天，我也遇到过很多诱惑。曾经有过好几位制片人来找我，希望我做一台宝莱坞舞蹈的总导演，也有电视台请我做宝莱坞舞蹈演出等。但是我觉得这都跟我的初衷不一样；而且丽拉老师曾经告诫过我，如果你要是去搞宝莱坞了，你的古典舞的道路就走不通了。我觉得我心里一直在秉持这个信念，所以我拒绝了这些诱惑。能够走到今天，得到我的老师的认可，我觉得也是理所应当的吧。

子　楠：不仅仅是自己的坚持，同时也是付出了很多其他方面的代价。在印度这段时间，一直是跟随着丽拉老师吗？

金珊珊：对，一直跟随丽拉老师。在印度，师生关系是非常微妙的，它更像我们京剧梨园的那种师父和徒弟的关系，是要从一而终的，是一辈子的师生关系。所以你想要拜一个老师，或者说这个老师决定要收你，这是一件很严肃的事情，需要考虑很长时间。你一旦决定了就不能改变，但是我刚到印度的时候并不知道这些。这不像在中国，也许我今天想跟这个老师学，明天可以跟那个老师学。所以，这些误会让我的老师一开始拒绝教我。在印度，师生关系是一辈子的关系，我的老师再忙，我也得等着。因为她是我的老师，我只能跟她一个人学。

子　楠：听说您也是丽拉老师的关门弟子。

金珊珊：可以这么说。因为丽拉老师 2005 年到一所大学去当校长，之后她不再亲自教任何一个学生了。在她临离开新德里之际，她的三个最好的学生，其中包括我，曾经开过一次晚会。丽拉教过很多学生，但是能够至今还跟随她，还一起演出的学生，其实也并不多了。

子　楠：其实，中印之间的文化差异是非常大的。作为一个中国人，在印度生活，而且学习的是原汁原味的印度舞蹈，当时有没有感受到文化上的这种冲击？

金珊珊：有的。有很多这个方面的文化冲击，比如说思维方式完全不一样。最开始，我曾经因为自己的莽撞而得罪了我的老师。又回到了刚才的师生关系，在中国，如果说一个学生和一个老师成了朋友，这是很好的事情。但是在印度，我以同样的思维方式去跟我的老师说希望有一天能够成为你的朋友，我的老师当时就生气了。因为在印度，老师是至上的，相当于宗教导师，同时是老师的意思。老师的地位是高于父母的，跟朋友完全是两个层面的。这些细微的思维方式不同，就会引起一些矛盾。但我觉得这其实蛮好的。学生到老师这儿拜师，老师又会像父母一样对待他。这是很美好的一件事情，在我看来，这其实更像恋爱关系。

子　楠：要彼此忠诚，而且长久。

金珊珊：要彼此忠诚，而相互之间的一些小矛盾是需要去磨合的。实际上，师生间的这种感情也会促进你的艺术的提升。

子　楠：在印度的时候，除了学习之外，您会有一些演出的机会吗？

金珊珊：还会有很多演出机会。但是我的第一场演出实际上是我的首演仪式。首演仪式是一个仪式性的演出，一定要在你结束了四年的专业学习之后，由你的老师亲自带领你上舞台，由你的老师替你伴奏。这个演出结束之后，你才能够成为一个独立的舞者。

子　楠：感觉很神圣，像是毕业演出，又像是真正步入舞蹈界的一个演出，是结束，也是开始。

金珊珊：对。从此之后，你可以独立演出了。在这之前，你不可以，只能是老师带领着去演出。

子　楠：算是出师仪式。

金珊珊：当然了，你还要继续跟你的老师学习。但是之后，你可以独立地上台，可以有自己的乐师，可以有自己的表现，也可以有自己的创作。在印度，我开过独舞晚会，也和其他同学一起演出过。当然，更多的时候我还是在中国演出。

子　楠：那么当时的印度观众，他们怎么看一个中国人跳印度舞？好比说，我们现在看到一个印度人在跳中国民族舞一样，心里面肯定会觉得怪怪的。

金珊珊：这让我想起这次在美国演出的时候，有很多观众对我特别感兴趣。演出之后，他们特意到台上来找我，告诉我他们一直在盯着我看。因为他们想知道一个中国人怎么能做出印度表情来。

实际上，我觉得无论是印度舞蹈还是中国舞蹈，都只是一种外在形式的区别。但是如果你真正是用心灵在跳舞，人们在内心里对于美、对于爱的美好追求实际上都是共通的。如果你是用心在跳舞的话，那么在座的观众都是可以体会到、可以感受到的。

古典音乐和古典舞蹈是印度最主流的文化

旁白：说起印度歌舞，中国观众的整体看法是艳光四射、风情万种。那么经典的印度舞蹈到底是什么样子？那些宝莱坞歌舞片里的简单面孔，绝非印度舞的全貌。

金珊珊介绍，真正的印度舞蹈体系庞大，内涵沉厚，既有神秘致远的宗教内容，又有成熟女子的风情味，还有儿童般天真的手语秘籍，是一种迥异于中国舞，但同样浪漫的东方艺术；或细腻柔美，或坚定真诚，或充满力量，既是一种女人味十足的表达，又融入神秘悠远的气息。

子　楠：在很多国人的眼中，印度舞就是宝莱坞舞蹈，那么真正的印度舞，真正的印度表情，是什么样子的？

金珊珊：这话说来就长了。实际上，印度舞是一个很大的范畴。我们大致把印度舞分为几部分，比如说古典舞、民间舞，宝莱坞是它其中的一部分而已，也有现在新的名词叫当代舞等。宝莱坞舞蹈，它由于是电影的一部分，通过电影这种媒介来传播，所以更多地被大家所认识了。

印度把古典舞视为珍宝，是要藏在罐子里面不能让别人看的，是要好好地保存的。而宝莱坞是一个试验田，外来的东西都可以拿到那儿来融合，那它就是一个集大成者。大家看到里面什么都有，可以是西方的东西，可以是肚皮舞，甚至连中国的武术都可以融进去。

子　楠：那么在印度，古典舞主要在什么样的场合演出？

金珊珊：印度古典舞最早是在寺庙里面演出的，它是宗教仪式的一部分。最早由寺庙中的婆罗门，还有一些被寺庙雇用、叫做神奴的女孩子来表演这个舞蹈。但是随着神奴制度的推翻，从20世纪30年代开始，印度的古典舞又逐渐走回了社会，在学校里教授，在舞台上、在正规的剧场演出。而宝莱坞是不可以在正规剧场里表演的。

子　楠：宝莱坞只在电影里出现。

金珊珊：也可能是在广场上表演。印度政府对于自己的古典文化下了大力来保护。它规定，宝莱坞的舞蹈不可以进剧场，剧场只是给古典舞蹈的，而且古典舞蹈的所有演出都是免费的。

子　楠：这其实给了我们一种很好的借鉴。在很多地方都存在这样的问题，原来被大家视为珍宝的、一些传统的东西慢慢地消失了，喜欢的人越来越少，表演的人越来越少。

金珊珊：印度在这方面，的确很值得我们借鉴。

子　楠：那么在您看来，印度古典舞的精髓是什么？

金珊珊：印度古典舞的精髓，我借用它的《舞论》里面的一段经文说明吧。湿婆神，是宇宙间最早的一个舞者，她也是舞蹈之王。第一，世界万物的动作，比如在微风中摇摆的树木，比如河流，比如小鸟的飞翔、花儿的摇摆开放，所有这些动作都是湿婆神的肢体动作。第二，世间万物的声音，比如蜜蜂的声音、小鸟的唱歌，这些声音全都是湿婆神的语言。第三个所要表达的是，天空中的繁星、花儿，这些都是湿婆舞蹈的饰品。而基于这三个之上的，来自她真诚的奉献。这是对舞蹈的诠释。我觉得这很好地解释了印度舞蹈的精髓。

子　楠：感觉一下子您就把我们带入了一种自然的状态。感谢自然赋予的每一个生命，它们带给我们的灵感，带给我们的美感，让我们感受到了我们的肢体所能够表达出来的美妙的舞蹈。

旁白：印度古典舞蹈的一举手、一投足都有着经典的规范。一场演出完全是仪式化的，带有宗教艺术特有的庄严和隆重。一场完整的婆罗多舞表演要持续两三个小时。舞蹈者要通过手、眼、脖子和面部动作来表现姿态，并主要通过眼睛来表达情感。除了印度古典舞，恐怕还没有任何别的舞蹈能够让肢体语言如此精确地开发到每一根手指，乃至每一个关节。金珊珊深深地痴迷于印度古典舞，在中国传播这种文化也成为她生活的重要内容。

子　楠：现在来找您学习印度舞的学生，他们的主要目的是什么呢？因为如果大家都花几年的时间去学一个基本功，到最后可能要更长的时间才能跳出一点模样。

金珊珊：我觉得这就是你怎么去看这个事情了。如果你想要的是在短期内有一个成果，你想因此而获奖，或者是有什么表现的话，那我建议你还是去学宝莱坞更合适。但如果说你想有一个爱好、一个终生的修养，我觉得可以选择古典舞。因为你会越学越觉得它有的可学，越学你会越觉得自己爱上了它，然后你不能离开它。

子　楠：印度舞对你来说是什么？是一种终生的爱好、终生的事业，还是有着其他意义？

金珊珊：对我来讲，是一个结合。如果能够把爱好做成职业，这是很好的一件事，为此我觉得我很幸运。但其实这个幸运来自我放弃了很多东西。印度舞蹈可能会让我一辈子都很清贫。因为做一个舞蹈演员，而且又是不被大家所了解的舞蹈演员，可能并不是一个赚钱的职业。但是我的精神世界非常富足，我就很满足了。

子　楠：舞者也会给大家传达出一种心态。

金珊珊：对。我觉得舞蹈是不可以拿尺子去量的，它不是标准化的东西。这也是我从印度学习舞蹈之后得来的一个经验。比如说在中国，我们排一个群舞，它要求所有人必须一样，你这个人不一样就得挨罚了。但是在印度不是这样的，他们要求群舞的演员每个人都要跳出个性，你可以不一样，但你必须是你自己。这是两种完全不同的概念。

子　楠：不管在什么样的行业，做出你自己，体现出自己的个性，让其他人看到你身上的闪光点，在印度都是可取的。那作为一名舞蹈家来说，您现在最大的愿望是什么？

金珊珊：我现在最大的愿望，是希望能够成立一个机构，不管是一个俱乐部的形式，或者是研讨会的形式。我想邀请印度更多的、好的艺术家来中国演出，也把我们的艺术送出去。这是我想做的一件事。

旁白：作为传播印度文化的民间大使，金珊珊多年来舞蹈于中印之间，用她的肢体语言展现着来自佛陀故里的优雅律动。以前我也从来没有想到正宗的印度舞蹈会那样醇厚，那样耐人寻味。

后记一

　　要把"环球名人坊之海归推动中国"系列编辑成书，是早先就决定的事情。《环球名人坊》开播8年来，推出过一些品牌系列，这次的"海归"系列是大家特别看好的。不光是说这些"海归"人士功成名就，更重要的是，这些杰出代表是有故事的人，他们的故事发掘出来，有一种震撼人心的力量。我们需要这样的精神榜样，需要静下心来，听听他们一路走来的信念、选择和感悟。

　　把时间倒回到2013年3月8日，我们开始约访"海归"系列的第一位嘉宾；3月31日，我们播出了"海归"系列的第一期节目。对这个节目我们是有预期的，希望用"海归"的讲述给那些即将要走出去的，或是即将要回来的人一些参考，一些案例。这些"海归"的共同点是都成功了，但每个人的故事又各不相同，正如这个节目每一期的开始语——"他们曾带着自己的人生梦想留学海外，他们又带着感恩之心回到祖国。人生辗转，只为心中坚定的信念，他们各自人生不同，却都精彩纷呈"。这段话，20位嘉宾用了20遍，但每次听过，绝不是简单的重复，而是用在每一个人身上都有特定的含义与情感。有一个细节，每次嘉宾走进直播间准备就绪，我都会先放这段开始曲，随后便是不约而同的沉默与沉思。许久，嘉宾告诉我：咱们开始吧，我还真有不少想说的……

　　真心感谢每一位嘉宾，带着自己的故事来，留下了故事里最精彩的部分。让我最为感动的是，接受访谈的每一位嘉宾对我的问题并不设防，也就是说他们从不会事先告知：这个我不想谈，那个我不便回答。这就让我不用小心翼翼地避开什么，或者舍弃大家最想知道的东西。所以，录制过程中常常会出现这样的一幕：录音键我已经暂停，嘉宾话筒也已经关了，但是我对面的嘉宾仍然状态积极，还继续着对某一个问题的看法，继续着对某一个事情的争论，他们的执著与敬业体现在每一个细节，我很感动。

你若问我，最难忘的一次采访或者最特别的一位嘉宾，我恐怕答不上来。不论是治国之才、学术大师还是企业精英，他们把故事还原到小时候、出国前、在海外、再回来，都是一本书。有跌宕起伏，有喜怒哀乐，有分离有团聚，有舍弃有收获，但最终，落笔是"我肯定是要回来的"，因为他们无一例外地谈到了归属感、民族认同感和回馈社会的责任感。

毫不夸张地说，采访过程中，每一位嘉宾都展现了自己不为人知的一面，他们并不喜欢展示自己在常人眼中的"强"，而是更愿意说出内心深处珍藏的话，哪怕是曾经的脆弱。这很真实，也很有用，只有真性情的展现才能产生共鸣，才能透过他们的故事找到我们想要的答案——如何坚持、如何改变、如何沉淀。

这20位"海归"的故事，没有多余的点缀，只有准确的时间、地点、人物、事件，这些关键的人生节点，包括直接影响他们一生的关键决断，包括激励他们前行的精神坐标。读懂这些，我们将掌握一种方法，做人的方法，做事的方法——如何有益于团队、有益于社会、有益于国家。这些"海归"做到了，不仅获得事业的成功，也获得心灵上的成功。在访谈过程中，我很是受益，仅仅是安静的倾听，就足以为我打开很多扇门：人才比拼的命题，企业创新的命题，学术突破的命题，治国之道的命题，涵盖政治、经济、文化的方方面面。他们在讲述中爱讲故事，爱打比方，爱作比较，爱使用丰富的肢体语言，只为推心置腹地讲他们的发现，他们的思考，他们的信念。所有这些，汇聚成一种强大的智慧和力量，推动中国，推动中国梦！

这20位"海归"的故事我可以很清晰地记起，这半年来，常常像影像一样浮现在我的眼前，甚至他们的某一个动作、某一句话都在影响我，相信您读过之后也会有意想不到的收获。最后，要特别感谢欧美同学会对这个采访项目的大力支持，也要感谢国际台的领导和同事的大力支持，还要感谢和我具体接洽采访的每一位工作人员，感谢我的搭档子楠，我们互相激励对方一定要尽全力做好，感谢每一位阅读这本书的朋友，当然还有一直支持我们节目的朋友，感谢大家。

阳燕

2013 年 8 月 13 日晚 23 点

270

后记二

新闻报道，英语翻译作 story，这意味着新闻就是讲故事的艺术，好新闻就是把故事讲得精彩。环球资讯广播作为中国国际广播电台旗下的新闻频率，自然以讲述海内外故事、比较各文化异同、品味全球化生活、关注跨国界人群为己任。

2012 年年底，正在我们策划 2013 年《环球名人坊》应该聚焦什么群体的时候，一个时间点闯入了我们的视野，那就是欧美同学会百年华诞。欧美同学会集中了中国留学生群体的代表和精英。百年来，一代代有理想的人风雨兼程远涉重洋求学深造，其中不少人归国还乡立业兴业铸造辉煌。"海归"群体是中国最国际化的人才群体，他们共同的底色就是爱国、拼搏。在不同的时期，他们努力奋斗着，实现着自己的梦想，推动着民族的梦想。"中国梦"在这个群体中一直存在，而且成为这个群体的共同目标和追求。不论是新中国成立之初那些毅然决然放弃国外优越生活归国投身祖（籍）国建设的热血青年，还是改革开放以来为祖国建设带来新思想新文化的创业一族，他们怀揣的都是令人沸腾的爱国情和是实现民族伟大复兴的赤子心。

这个特殊的群体无法不让人眼前一亮，他们都是有故事的人，而且他们的故事引人入胜。讲述他们的故事、还原他们的人生、分享他们的梦想、聆听他们的心声，这种冲动催生了《环球名人坊》节目的"海归推动中国"系列访谈。"海归"中有很多成功人士，特别是《环球名人坊》的受访嘉宾们，他们或身居高位、或富甲一方、或为学界权威、或为艺术明星。他们代表了不同时期、不同行业的海归，是欧美同学会百年历程的一个缩影，塑造了一个追逐梦想、实现梦想、推动梦想的群像。

《环球名人坊》栏目并不贩卖成功学，而是还原、提亮"海归"中杰出人士的"追梦"过程。他们的梦不仅仅是他们个人的梦想，这属于一批人、一代人，影响了很多人、甚至几代人。很多人走出国去，也有很多人回归故土。海归这个群体重在"归"字，归来是人生经历的一种升华，敢于归来、乐于归来是因为有信仰、有激情、有目标。在被种种迷茫、困惑、纠结围绕的日子里，人们特别期待希望和梦想。这就是《环球名人坊》节目以及环球资讯广播对"海归推动中国"系列访谈投入了巨大的人力和物力的原因，因为我们珍惜优秀的新闻故事，并非常想把我们的所知所感与听众和读者朋友们分享，让更多的人得以感受温暖、汲取力量。

于是，环球资讯广播把原汁原味的厚重人生故事变成声音，再变成文字，让这些故事保存得更长久一些，传播得更广泛一些。我们聚焦"追梦人"，我们也是一群"追梦人"，我们更希望的是，能够带动更多的"追梦人"。

在此特别感谢周立群先生对本书出版的大力支持和帮助。

本书副主编、环球资讯广播副总监　王姗姗